Lieblingsplätze
für Genießer
RHEINHESSEN

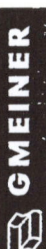

SUSANNE KRONENBERG

Aus Gründen der Lesbarkeit und Sprachästhetik wird in diesem Buch das generische Maskulinum verwendet. Mit der grammatischen Form sind ausdrücklich weibliche sowie alle anderen Geschlechtsidentitäten berücksichtigt, insofern dies durch den Kontext geboten ist.

Für das Buch wurden QR-Codes generiert, die zu den Websites der Lieblingsplätze führen. Um sie zu nutzen, öffnen Sie die Kamera-App Ihres Endgeräts und richten den Rahmen für circa drei Sekunden auf den Code. Daraufhin erscheint eine Benachrichtigung. Sollte dies nicht passieren, müssen Sie ggf. das Scannen in den Einstellungen Ihres Gerätes erst aktivieren. Wenn diese Option nicht verfügbar ist, können Sie einen QR-Code-Reader von Drittanbietern in Ihrem App-Store kostenfrei herunterladen.

Alle Informationen wurden geprüft. Gleichwohl verändern sich Gegebenheiten, daher erfolgen alle Angaben ohne Gewähr. Sollte bei einem QR-Code ein Fehler angezeigt werden, sind wir für eine Nachricht dankbar. Auch über Ihr Feedback zum Buch freuen sich Autorin, Autoren und Verlag: lieblingsplaetze@gmeiner-verlag.de.

Sofern nicht im Folgenden gelistet, stammen alle Bilder von Susanne Kronenberg: Bingen Tourismus & Kongress GmnH 10; Rheinhessenwein e.V. 14, 24, 32, 34, 38, 42, 70, 76, 84, 124, 140, 154; Weingut Feser 18; 100Guldenmühle 20; Obsthof und Edelobstbrennerei Hemmes 22; Purer Genuss 28; Weingut Wagner 40; Amorella Kirsch Manufaktur 44; Weils Bauernladen 46; Weingut Feser 48; N'Eis – das Neustadteis 50; Die Mainzer Winzer e.v. 56; mainzplus CITYMARKETING/Dominik Ketz 58; Weinstube Hottum 60; Teehaus mutter holunder 62; Purer Genuss 66; Müller Kaffeerösterei 74; Zornheimer Weinstuben 82; Heimat- und Kulturverein e.V. Nackenheim/Foto:Thorsten Lüttringhaus 86; Roter Hang e.v. 88; Weingut Wagner 90; Straußwirtschaft Gustav Strub 92; Völker Restaurant 94; Weingut Dahlem 96; Kaupers Kapellenhof 100; mundart Restaurant 106; Weingut Janson 110; Die Mainzer Winzer e.v. 126; Weingut & Landhotel im Klostereck 128; Geistreich Brennerei Nehrbaß 130; Weingut & Vinothek Leo Lahm 132; Verkehrsverein Guntersblum e.V. 134; Weingut Domhof 136; Teehaus mutter holunder 138; Genusswerkstatt Menges 150; Sekthaus Raumland 152; Destille Kaltenthaler 156; Weinbar & Restaurant Vis a Vis 160; Wonnegauer Ölmühle 164; Müller Kaffeerösterei 166; Chocolaterie Holzderber 168; Braumanufaktur Sander 172; Horchheimer Scheune 174

Besuchen Sie uns im Internet: www.gmeiner-verlag.de

1., überarbeitete Neuausgabe 2024
© 2020 – Gmeiner-Verlag GmbH
Im Ehnried 5, 88605 Meßkirch
Telefon 07575/2095-0
info@gmeiner-verlag.de
Alle Rechte vorbehalten

QR-Code einscannen und kostenloses E-Book anfordern.

Lektorat/Redaktion: Ricarda Dück
Herstellung: Julia Franze
Bildbearbeitung/Umschlaggestaltung: Susanne Lutz
 unter Verwendung der Illustrationen von © SimpLine, Fiedels, Accent, jakartoon, paullouis, Wiktoria Matyna, Vlad Klok, iconsgraph, nasik, FUGE Freiburgskarin – stock.adobe.com; © Susanne Lutz; © Katrin Lahmer; © Benjamin Arnold
Kartendesign: © Maps4News.com/HERE
Druck: AZ Druck und Datentechnik GmbH, Kempten
Printed in Germany
ISBN 978-3-8392-0614-0

1	**Bingen/Rhein** • Bäckerei Stamm	
	Brot und Salz, Gott erhalt's	9
2	**Bingen/Rhein** • Binger Winzerfest	
	Wo Prinzess Schwätzerchen feiert	11
★ 3	**Bingen/Rhein** • Hildegard-Forum der Kreuzschwestern	
	Wohlsein für Seele, Leib und Sinne	13
★ 4	**Bingen/Rhein** • Weinfest *Die Nacht der Verführung*	
	Rebenromantik auf dem Rochusberg	15
5	**Bingen/Rhein** • Gutsschänke Hildegardishof in Büdesheim	
	Exklusives von Hildegards Brünnchen	17
6	**Ockenheim** • Weingut Feser mit Straußwirtschaft	
	Wo's Sträußje hängt	19
7	**Appenheim** • Restaurant *Eppard in der 100 Guldenmühle*	
	Korallenriff am Mühlengrund	21
8	**Gau-Algesheim** • Obsthof und Edelobstbrennerei Hemmes	
	Süße Früchte – mit Liebe gebrannt	23
9	**Gau-Algesheim** • Fest des jungen Weines	
	Federweißer im Lichtspektrum	25
10	**Ingelheim/Rhein** • Brauhaus *Goldener Engel*	
	Himmel und Erde im Hopfentempel	27
11	**Ingelheim/Rhein** • Café-Konditorei *Purer Genuss*	
	Glücksrevier für Naschkatzen	29
12	**Ingelheim/Rhein** • Restaurant *Alt Ingelheim*	
	Stadtgeschichten	31
13	**Ingelheim/Rhein** • Ingelheimer Rotweinfest	
	Stadtwein für den Kaiser	33
14	**Ingelheim/Rhein** • Restaurant Wasems *Kloster Engelthal*	
	Kulinarische Familienbande	35
15	**Schwabenheim/Selz** • Landgasthof Engel	
	Herzhafte Genussgrüße aus der Pfalz	37
16	**Schwabenheim/Selz** • Schwabenheimer Weinsommer	
	Schlemmen bei Rebensaft und Tapas	39
17	**Essenheim** • Weingut Wagner mit Straußwirtschaft	
	Schmackhaftes für alle Sinne	41
18	**Mainz** • Obsthof *Appel Happel* in Marienborn	
	Mit dem Apfel auf du und du	43
★ 19	**Mainz** • Amorella Kirsch-Manufaktur in Marienborn	
	Sauer macht fruchtig	45

20	**Mainz** ▸ Weil's *Bauernladen* in Finthen
Hand in Hand den Sommer einfangen	47
21	**Mainz** ▸ Stein's *Kräuter & Garten* in Gonsenheim
Mit Gewürzduft und Blütenzauber	49
★ 22	**Mainz** ▸ Eisdiele *N'Eis*
Heißer Tipp aus coolem Viertel	51
★ 23	**Mainz** ▸ Weinhaus *Wilhelmi*
100 Jahre »en Schoppe zum Handkäs'«	53
24	**Mainz** ▸ Fachgeschäft *Fisch Jackob*
Das Erbe der Rheinfischer	55
25	**Mainz** ▸ Marktfrühstück
Bei »Weck, Worscht un' Woi«	57
26	**Mainz** ▸ Wochenmarkt
Im Angesicht St. Martins	59
27	**Mainz** ▸ Weinstube *Hottum*
Legendäre »Meenzer« Lebensart	61
28	**Mainz** ▸ Teehaus *mutter holunder*
Märchenhafte Düfte	63
29	**Mainz** ▸ Käsekontor
Köstlichkeiten aus den Bergen	65
30	**Mainz** ▸ Gasthaus *Willems*
Frischer Wind in alten Mauern	67
31	**Mainz** ▸ Biergarten und Sommerlounge *Mole* am Winterhafen
Urlaubsfeeling für Sonnenanbeter	69
32	**Mainz** ▸ Weinfest im Kirchenstück in Hechtsheim
Seligkeit trifft Natur 🍷	71
33	**Mainz** ▸ Hofgut Laubenheimer Höhe
Hüttenflair auf hohem Niveau	73
34	**Bodenheim** ▸ Müller Kaffeerösterei
Rund um den Globus	75
35	**Bodenheim** ▸ St. Albansfest
Geselligkeit auf der Rheinterrasse 🍷	77
36	**Bodenheim** ▸ Weingut Kirch mit Straußwirtschaft
Winzerschoppen rund ums Jahr 🍁	79
37	**Nieder-Olm** ▸ Nieder-Olmer Weinstube
Glanzlichter unterm Kreuzgewölbe	81
38	**Zornheim** ▸ Zornheimer Weinstuben
Leckerbissen für Fachwerkfans	83

39	**Harxheim** • Harxheimer Weinhöfefest *Schöne Künste im Kerzenschimmer* 🍷	85
40	**Nackenheim** • Weinfest im fröhlichen Weinberg *Wie wär's jetzt mit dem Weinpröbche?* 🍷	87
⭐ 41	**Nierstein** • Weinpräsentation am Roten Hang *Rote Erde, grüne Rebe, blauer Strom* 🍷	89
42	**Nierstein** • Straußwirtschaft Gustav Strub *Vom Heilwasser zum Spitzenwein* 🍂	91
43	**Oppenheim** • Völker Restaurant *Miss Sophie in der Unterwelt*	93
44	**Oppenheim** • Wein-Restaurant Rathofkapelle mit Straußwirtschaft *Brückenschlag in den Rheingau* 🍂	95
⭐ 45	**Dexheim** • Weingut Historic mit Straußwirtschaft *Schwelgen wie die alten Römer* 🍂	97
46	**Selzen** • Sternerestaurant *Kaupers Kapellenhof* *Sternenklar und unverfälscht*	99
47	**Selzen** • Feinkostladenlokal *Kleiner Prinz* *Domizil geadelter Edelbrände*	101
48	**Hahnheim** • Holzofenbäckerei Förster *Genussbrote aus dem Feuerofen*	103
49	**Nieder-Saulheim** • *mundart*-Restaurant *Kochkunst trifft Gastfreundschaft*	105
50	**Wörrstadt** • Restaurant *Böhm's Weingewölbe* *Geschichte auf dem Gaumen*	107
51	**Vendersheim** • Weingut Janson mit Straußwirtschaft *»La vie est Rosé!«* 🍂	109
52	**Sprendlingen** • Gutsschänke Lutz Mohr *In der rheinhessischen Toskana*	111
53	**Badenheim** • Gutsschänke Morawiec *Gastlichkeit in der »GudStubb«*	113
54	**Gau-Bickelheim** • Weingut Marco Pfennig *Winzerschmaus aus Küche und Keller*	115
55	**Neu-Bamberg** • Gaststätte *Zur Junkermühle* *Einkehr zu Füßen der Burgruine*	117
56	**Siefersheim** • Winzeralm *Schönste Weinsicht im »Hiwwelland«*	119

57	**Siefersheim** ▸ Weingut Seyberth mit Stube *Kleines Rheinhessen*	
	Erdiger natürlicher Rebensaft	121
58	**Eckelsheim** ▸ Veranstaltung *Feieroomend* des Vereins Vino Generation	
	Abendschoppen in mystischer Kulisse 🍷	123
59	**Flonheim** ▸ Weinfest *Trullo in Flammen*	
	Zipfelmütze im Feuerschein 🍷	125
60	**Flonheim** ▸ Veronikas Weincafé	
	Sommertraum bei Trullo-Torte	127
61	**Lonsheim** ▸ Geistreich Brennerei B. & H. Nehrbaß	
	Rheinhessen-Grappa und Spargelgeist	129
62	**Ensheim** ▸ Weingut Leo Lahm mit *Vinothek Vinum LL*	
	Rebenkultur in majestätischer Lage	131
63	**Guntersblum** ▸ Kellerweg-Fest	
	Sternstunden im Winzerjahr 🍷	133
64	**Guntersblum** ▸ Landhotel und Restaurant *Weingold im Domhof*	
	Hochgenuss auf Wolke sieben	135
⭐ 65	**Alsheim** ▸ Restaurant *Zum alten Kelterhaus*	
	Märchenzauber für Musikfans	137
66	**Alzey** ▸ Winzerfest Alzey	
	In der Heimat der Scheurebe 🍷	139
67	**Alzey** ▸ Vinothek & Restaurant Kaisergarten	
	Kaiserliche Bühne für den Wein	141
68	**Alzey** ▸ Weingut der Stadt Alzey	
	Ein herrschaftliches Vermächtnis	143
69	**Alzey** ▸ Eiscafé De Covre in Alzey	
	Frostige Erfrischung am Brunnen	145
70	**Alzey** ▸ Hofladen Eichhof in Kettenheim	
	Das Gelbe vom Ei	147
71	**Flomborn** ▸ Restaurant *Genusswerkstatt Menges*	
	Altes Haus sucht Veränderung	149
72	**Flörsheim-Dalsheim** ▸ Sekthaus Raumland	
	Geheimtipp mit Spitzenruf	151
⭐ 73	**Westhofen** ▸ Gut *Leben am Morstein*	
	Grüne Küche im Dornröschenschloss	153
74	**Westhofen** ▸ Destille Kaltenthaler	
	Rum und Grappa auf Rheinhessisch	155

75	**Osthofen** ▸ Apfelzentrum Orlemann *Verführung im Obstgarten Wonnegau*	157
76	**Osthofen** ▸ Weinbar und Restaurant Vis à Vis *Schmausen in der Kuhkapelle*	159
★ 77	**Worms** ▸ Bistro-Café *Kabinett im Schlosshof* in Herrnsheim *Toskana-Träume erster Sahne*	161
78	**Worms** ▸ *Wonnegauer Ölmühle* in Herrnsheim *Edle Öle hinter adligen Mauern*	163
79	**Worms** ▸ Bio-Manufaktur *Hause Kaltenthaler* in Herrnsheim *Balsamico à la italiano*	165
80	**Worms** ▸ *Chocolaterie Holzderber* in Neuhausen *Schoko-Laden für Schokoladen-Fans*	167
81	**Worms** ▸ Kolb's Biergarten *Im Strom der Zeit*	169
82	**Worms** ▸ Braumanufaktur Sander in Weinsheim *Hauptsache, Bier!*	171
83	**Worms** ▸ Horchheimer Scheune mit Schokolaterie *Süße Fantasien aus erster Hand*	173

Bäckerei Stamm
Salzstraße 19
55411 Bingen am Rhein
06721 14678

**Rheinpromenade/
Kulturufer**
An der Hafenstraße
55411 Bingen am Rhein

1 Brot und Salz, Gott erhalt's
Bäckerei Stamm

Seit 1903 werden in der Binger Bäckerei Stamm allerlei Brot, Brötchen und Kuchen gebacken. Ihr Ursprung liegt im Herzen der Weinstadt: in der Salzstraße 19, eine der ältesten Gassen, deren Name an das »weiße Gold« des Mittelalters erinnert. An diesem Standort befindet sich heute das Hauptgeschäft der Bäckerei.

Ein Weizenmischbrot namens *Der große Wilhelm* – nach überliefertem Rezept hergestellt – ist dem Firmengründer Wilhelm Stamm und seiner Frau Katharina gewidmet. Als eine ihrer Töchter heiratete, kam der Name Lennarz in die Familie. Zur Ehre des Gründerpaars hielt man jedoch an der ursprünglichen Bezeichnung fest. Bis heute ist die Bäckerei ein traditioneller Familienbetrieb, der sich auf dem Erfolg nicht ausruht und sich mit einem Erfahrungsschatz und handwerklichem Können für die Zukunft wappnet. Für Tobias Lennarz als derzeitigen Inhaber bedeutet dies, auf Bioqualität zu setzen und sich dem *Bioland*-Verband und dessen strengen ökologischen Kriterien anzuschließen. Dazu gehören auch kurze Wege für die Beschaffung der Rohstoffe. Getreide, Mehle, Obst und weitere Zutaten stammen von Erzeugern aus der Region. Für spezielle Brotsorten wird das *Bioland*-Getreide zeitnah vor der Verwendung in der hauseigenen Mühle gemahlen: für ein Produkt, das nicht nur ausgesprochen gut schmeckt, sondern zudem besonders bekömmlich ist.

Die handwerklichen Grundlagen sind Tobias Lennarz sozusagen in die Wiege gelegt worden. Schon als Kind ging er in der Backstube des Familienbetriebs Stamm ein und aus. Er half während seines Studiums in den Semesterferien mit und schloss schließlich eine Bäckerlehre an. Die Backstube befindet sich mittlerweile nicht mehr in Bingen, sondern im benachbarten Gensingen. Die Bio-Backwaren werden außerdem in weiteren Binger und Gensinger Filialen angeboten.

Als Schokoladenseite erweist sich Bingens drei Kilometer lange Rheinpromenade. Das *Kulturufer*, gestaltet zur Landesgartenschau 2008, besticht durch den Einblick in die Welterbe-Landschaft *Oberes Mittelrheintal*.

Binger Winzerfest
(Ende August/Anfang September)
Ab Bürgermeister-Franz-Neff-Platz
55411 Bingen am Rhein

Tourist-Information Bingen
Rheinkai 21
55411 Bingen am Rhein
06721 184200

2 Wo Prinzess Schwätzerchen feiert
Binger Winzerfest

Das Schönste an einem Weinfest? In Rheinhessen und vor allem in Bingen bekäme man darauf die vielfältigsten Antworten. Wenn jemand etwas vom Feiern versteht, dann die heimliche Hauptstadt des deutschen Weins. Sobald die Binger Winzer an ihre Stände einladen, strömen die Menschen von nah und fern herbei zum Probieren und Schlemmen.

1985 wurde beschlossen, das *Binger Winzerfest*, dessen Ursprünge in der Mitte des 19. Jahrhunderts liegen, über ganze elf Tage (und Nächte) auszudehnen. Seitdem ist es nicht nur eines der längsten, sondern zudem auch eines der größten Weinfeste Rheinhessens. Was außerdem bemerkenswert ist: Alle angebotenen Tropfen stammen von Gütern, die in Bingen und seinen Ortsteilen angesiedelt sind. Keine Frage, dass zum heimischen Rebensaft die typische rheinhessische Küche zu genießen ist. Wer hier und da von den Leckereien kosten möchte, erkundet auf diese Weise zugleich die Stadt. Denn die Standorte der mehr als 20 Winzerstände verteilen sich über das Zentrum: vom Bürgermeister-Franz-Neff-Platz zum Speisemarkt, von der Hasengasse zur Kaufhausgasse.

Über allem thront die Burg Klopp, die – bengalisch beleuchtet – in rotes Licht getaucht scheint, wenn sich am ersten Samstagabend als Höhepunkt der Feierlichkeiten ein prächtiges Feuerwerk entzündet. Ein flammendes Spektakel, das man sogar vom Schiff aus bestaunen kann. Wie es sich für ein Winzerfest dieses Formats gebührt, dürfen zudem die Majestäten nicht fehlen, mit denen sich die Weinstadt am Rhein schmückt. Unterstützt von zwei Prinzessinnen, regiert für zwei Jahre Prinzess Schwätzerchen. Der Titel der Binger Weinkönigin erinnert an eine bekannte Weinlage. Pate stand zudem die Legende um einen verwundeten Soldaten, der verstummt war. Eine Krankenschwester brachte ihn mit einem Krug Wein wieder zum »Schwätzen«.

Die elf ereignisreichen Tage erlebt Bingen jährlich Ende August bis Anfang September. Am zweiten Festsonntag wird es bunt in den Straßen. Ob zu Fuß oder im Motivwagen – Musikvereine, Folkloretanzgruppen und die Weinmajestäten gestalten den großen Umzug.

Bingen/Rhein

Wohlsein für Seele, Leib und Sinne
Hildegard-Forum der Kreuzschwestern

Lichtgrün das eine, von durchscheinendem Veilchenblau das andere – so könnte man die Farben unserer Getränke beschreiben. Während sich Gewitterschauer auf das runde Glasdach ergießen, nippen wir an den Limonaden mit verblüffendem Gurken- beziehungsweise Lavendelgeschmack. Neugierig auf das *Hildegard Forum der Kreuzschwestern* waren wir unter drohenden Wolkentürmen hinauf auf den Rochusberg gefahren.

Empfangen hat uns zwischen Weinbergen und Obstwiesen ein ebenso bescheiden wie einladend wirkendes Gebäude, dessen zentraler Rundbau dem in die Erde gelegten Weltenrad der Hildegard von Bingen nachempfunden ist. Ein Ort der Begegnung, geführt als Integrationsbetrieb in dem Bestreben der Kreuzschwestern, die Botschaften der heiligen Hildegard weiterzugeben. Dazu zählt auch die Bedeutung des gesunden und schmackhaften Essens für das seelische und körperliche Wohlbefinden. Angeboten werden neben Kaffee und Kuchen auch Mittagsgerichte vom Büfett mit wechselnden Schwerpunkten. Eine Küche, die aktuelle Erkenntnisse der Ernährungswissenschaften mit der Lehre der Benediktinerin in Einklang bringen möchte. Hier kann man sich auch rheinhessische Spezialitäten schmecken lassen. *Hildegards Kräuterbüfett* würdigt altbewährte, aber heute weitgehend vergessene Heil- und Gewürzpflanzen wie Bertram, Cubebenpfeffer, Ysop, Quendel, Mutterkümmel und Poleiminze. Wer mehr über Kräuter erfahren möchte und etwas Zeit mitbringt, dem bietet sich am Wochenende ein thematisches Seminar an. Übernachten kann man vor Ort, denn dem *Hildegard Forum* ist ein Hotel angegliedert.

Das Trommeln des Regens lässt nach, die Sonne bricht durch die Wolken. Wir beenden die Einkehr, drehen eine Runde durch den kleinen Laden mit Hildegard-Büchern und erkunden bei strahlendem Sonnenschein den Heilkräutergarten.

Beim *Frauenfrühstück* im *Hildegard Forum* bleiben weibliche Gäste unter sich. Ein Vortrag oder eine Lesung rundet das morgendliche Zusammenkommen ab. Termine und Anmeldung über die Website.

Bingen/Rhein

Die Nacht der Verführung
(Ende Mai)
Rochusberg
55411 Bingen

Tourist-Information Bingen
Rheinkai 21
55411 Bingen am Rhein
06721 184200

4 Rebenromantik auf dem Rochusberg
Weinfest *Die Nacht der Verführung*

Auf beste Tropfen wurde in Bingen zu allen Zeiten Wert gelegt. Aus diesem Grund sollen die Ratsherren bereits im 16. Jahrhundert darauf gedrungen haben, auf qualitätsvolle Reben wie den Riesling zu setzen. Dass Bingen sich heutzutage heimliche Hauptstadt des deutschen Weins nennen darf, liegt auch an der glücklichen geografischen Lage. Mit den Anbaugebieten Rheinhessen und Nahe im Rücken sowie Rheingau und Mittelrhein vis-à-vis wird die Gemeinde am Rhein von vier namhaften Weinregionen umschlossen. Doch auch im Stadtgebiet stehen die Reben hoch im Kurs. Um die 70 haupt- und nebenberuflich tätige Winzer sind in Bingen angesiedelt. Die einheimischen Erzeugnisse kann man sich direkt auf den Gütern, bei einer Weinwanderung, einer Planwagenfahrt oder auf einem der zahlreichen Events rund um den edlen Tropfen schmecken lassen. Sowie auf einem außergewöhnlichen Weinfest hoch über den Dächern der Stadt!

Zur *Nacht der Verführung* geht es Ende Mai für drei Nächte hinauf auf den Rochusberg, den Hausberg Bingens, der dank seiner Wanderpfade und dem Aussichtspunkt *Goethe-Ruhe* zu allen Jahreszeiten einen Besuch wert ist. Wer bei Tageslicht aufbricht, wird mit einer wunderschönen Aussicht belohnt. Auch die späteren Stunden entfalten ihren eigentümlichen Zauber, wenn anlässlich der Feierlichkeiten hunderte Feuerschalen entlang des Wegs die Richtung weisen. Am Ziel erwarten uns neben kulinarischen Spezialitäten musikalische Genüsse, sobald die Livebands im Schatten der St.-Rochus-Kapelle aufspielen. Bevor die Musik einsetzt, nutzen wir die Gelegenheit und lassen uns von den Binger Weinmajestäten die Besonderheiten der hiesigen Tropfen erklären. Zum Wohl! Probiert wird natürlich auch! Die stimmungsvolle Romantik in der *Nacht der Verführung* rundet den Weingenuss vortrefflich ab.

Der Rochusberg mit seinen Wanderwegen gehört zum Binger Stadtwald. Dort eröffnen sich grandiose Aussichten auf das Rheintal.

Bingen/Rhein

Gutsschänke Weingut Hildegardishof
Ockenheimer Chaussee 12
55411 Bingen am Rhein
(Büdesheim)
06721 45672

Museum am Strom
Museumstraße 3
55411 Bingen am Rhein
Kulturamt Bingen:
06721 184353

5 Exklusives von Hildegards Brünnchen
Gutsschänke Hildegardishof in Büdesheim

Eine außergewöhnliche Persönlichkeit hat den Namen ihrer Wirkungsstätte weit in die Welt hinausgetragen: Hildegard von Bingen, tiefgläubige Seherin und begnadete Forscherin, die im Jahr 1098 vermutlich im rheinhessischen Bermersheim nahe Alzey geboren wurde und sich zu einer der bedeutendsten Frauen des Mittelalters entwickeln sollte. Den Regeln des heiligen Benedikts folgend, verfasste sie theologische Abhandlungen. Sie verspürte zudem ein tiefes Interesse für die Natur, hielt ihre präzisen Beobachtungen fest und komponierte darüber hinaus. Einflussreiche Männer ihrer Zeit suchten den Rat der ebenso klugen wie gebildeten Hildegard, die im Kloster Rupertsberg in Bingerbrück als Äbtissin wirkte.

Vom Stift konnten nur die Gewölbe der Kirche die Jahrhunderte überdauern. Heute findet sich der Name der berühmten Volksheiligen allerdings im *Weingut Hildegardishof* wieder, das in Büdesheim angesiedelt ist. Der Rochusberg trennt »Biddesemm«, wie der Binger Ortsteil mit rheinhessischem Zungenschlag ausgesprochen wird, vom Hauptort am Rhein. Kennzeichnend für das Winzeranwesen ist der rote Klinkerbau, der den von Blumen geschmückten Innenhof zur Ockenheimer Chaussee hin abschirmt. Zwischen exotischen Palmenblättern, die dekorativ über hohen Kübeln wedeln, lassen sich schattige Sitzplätze finden. An ungemütlichen Tagen lockt die Besichtigung des Holzfasskellers. Wenn der Gutsausschank an Wochenenden und Feiertagen öffnet, werden Weine aus der eigenen Produktion ausgeschenkt. Dazu passen kleinere rheinhessische Gerichte und Deftiges aus der Winzerküche.

Bleibt zu klären, weshalb die heilige Hildegard zur Namenspatin wurde. Nun, die Weinlage *Bingerbrücker Hildegardisbrünnchen*, die einst zum Kloster Rupertsberg gehörte, befindet sich heute im Besitz des *Hildegardishofs*.

Lohnend ist der Besuch des *Museums am Strom* mit Dauerausstellungen über Hildegard von Bingen, Römer und Rheinromantik.

**Weingut Feser
mit Straußwirtschaft**
Bahnhofstraße 16
55437 Ockenheim
06725 5104

Jakobsberg
Am St. Jakobsberg
55437 Ockenheim

6 Wo's Sträußje hängt
Weingut Feser mit Straußwirtschaft

Die Tradition der Straußwirtschaften soll bis in die Zeit Karls des Großen zurückreichen. Ob es bereits damals hieß: »Wo's Sträußje hängt, wird ausgeschenkt?« Im Mittelalter verkündete die Weinglocke, wann der Winzer mit dem Verkauf beginnen durfte. Schließlich sollte vor dem Trinken noch fleißig gearbeitet werden. Wo Rebensaft zu bekommen war, zeigte ein vor der Tür aufgehängter Strauß an – daher rührt der Name »Straußwirtschaft«. Auch für das Angebot der Speisen galten strenge Vorschriften: Warme Gerichte waren bis ins 18. Jahrhundert keinesfalls erlaubt. Wie gut geht es uns demnach heute, wenn wir uns in einer Straußwirtschaft nieder- und den Gaumen verwöhnen lassen dürfen.

Nach wie vor gilt allerdings, dass eine Straußwirtschaft nur saisonal betrieben wird. In Rheinhessen darf der Winzer für maximal vier Monate – gleich, ob zusammenhängend oder übers Jahr verteilt – aus den eigenen Fässern ausschenken und den Gästen dazu Gutes aus der regionalen Küche oder besondere Spezialitäten reichen. Ein Blick auf die Öffnungszeiten ist also vor jedem Besuch einer Straußwirtschaft zu empfehlen.

In Ockenheim kennt man sich seit Jahrhunderten mit dem Keltern aus. Im Zentrum der Gemeinde liegt das Gut Feser, auf dem seit Generationen Weinbau betrieben wird. Die Tradition zu bewahren und im Einklang mit der Natur zu arbeiten, ohne auf moderne Verfahren zu verzichten, sind die Leitlinien der Winzerfamilie, deren Erzeugnisse außerdem von den hiesigen klimatischen und geologischen Bedingungen profitieren. Ausgeschenkt werden die Produkte in der hauseigenen Straußwirtschaft. Dazu werden Gerichte aus der regionalen Küche serviert. Wer sich ungetrübt einer Weinprobe hingeben möchte, bleibt und übernachtet in einer der Ferienwohnungen. Entspannt ausschlafen auf einem Winzeranwesen!

Vom Jakobsberg blickt man auf Ockenheim und weit in das Rheintal hinein. Die Lage *Jakobsberger Weinlaube*, in Nachbarschaft des Klosters, besteht aus zwei Reihen mit je 65 Stöcken verschiedener Rebsorten.

Ockenheim

Eppard in der 100 Guldenmühle
Hundertguldenmühle/Mühle 2
Fürs Navigationsgerät:
Ingelheimer Straße
55437 Appenheim
06725 9990210

Tisch des Weines Appenheim
Hundertguldenwinzer
An der Hiwweltour
Bismarckturm
55437 Appenheim
06725 3310

1 Korallenriff am Mühlengrund
Restaurant *Eppard in der 100 Guldenmühle*

Ach, dieser Garten! Bei freiem Blick ins Grüne fühlt man sich, sonniges Wetter vorausgesetzt, auf der Außenterrasse spontan in Urlaubsstimmung versetzt. Ebenfalls einladend wirken die in anheimelnder Schlichtheit erstrahlenden Innenräume des historischen Gebäudes. Wo wir uns befinden? Im Restaurant *Eppard in der 100 Guldenmühle*, einer ehemaligen Mühle am Ortsrand der Gemeinde Appenheim.

Nebenan plätschert ein Bach. Appenheim – mit etwa 1.500 Einwohnern eher Dorf als Stadt – liegt sanft eingebettet im Welzbachtal und scheint umflutet von ausschweifenden Rebflächen. Der Ort kann auf eine lange Geschichte zurückblicken und wurde im Jahr 882 zum ersten Mal urkundlich erwähnt. Man geht davon aus, dass die Ortschaft in den Jahren zwischen 500 und 700 gegründet wurde.

Geführt wird das Lokal in der historischen Mühle von Eva Eppard, die ihre Erfahrungen im Kochen und Backen auch gern als *SWR4*-Expertin im Radio weitergibt. Wie überzeugend sich das Fachwissen der Restaurantchefin in der Praxis bewährt, erlebt der Gast beim Schmausen in der *100 Guldenmühle*. »Hundertgulden« heißt ebenfalls eine Weinlage auf dem Appenheimer Westerberg. Der Name lässt es ahnen: Hierbei handelt es sich um einen außergewöhnlich wertvollen Grund. Dessen Besonderheit: Die Rebstöcke wachsen auf den Überresten der Korallenriffe, die an diesem Standort einst in den Tiefen eines urzeitlichen Meeres lagen und heute den Rebsäften eine ausgesprochen mineralische Note verleihen. Ähnlich hohe Carbonatgehalte existieren nirgendwo sonst in deutschen Weinlagen.

Gleich mehrere Appenheimer Winzer bewirtschaften diese Topadresse unter den Anbaugebieten. Da liegt es nahe, dass man sich die hiesigen Tropfen mit der außergewöhnlichen Mineralik beim Besuch im *Eppard in der 100 Guldenmühle* unbedingt munden lassen sollte.

Am *Tisch des Weins* präsentieren die Hundertguldenwinzer an mehreren Sommersonntagen ihre Erzeugnisse. Der Ausschank liegt in den Weinbergen am Wanderweg *Hiwweltour Bismarckturm*, oberhalb von Appenheim.

Obsthof und Edelobstbrennerei Hemmes
Ockenheimer Straße 69
55435 Gau-Algesheim
06725 4924

8 Süße Früchte – mit Liebe gebrannt
Obsthof und Edelobstbrennerei Hemmes

Der Begriff »Gau« stand einst für eine offene, baumarme Landschaft mit fruchtbaren Böden, die sich bestens für die Landwirtschaft eignet. In einer von der Natur so begünstigten Region liegen der Obsthof und die Edelbrennerei der Familie Hemmes, die in Gau-Algesheim seit mindestens 1660 ansässig ist.

Welche Vorteile der unmittelbare Kontakt zwischen Erzeuger und Kunden bietet, wurde der Familie schon in den 1970er-Jahren bewusst. Damals entstand der erste Hofladen. Eine Idee, die sich erfolgreich durchsetzen konnte. Heute befindet sich der Obsthof in den Händen der dritten Generation. Was auf gut 50 Hektar Land heranwächst, wird sowohl auf dem Gau-Algesheimer Anwesen als auch in einem Geschäft in Bingen-Büdesheim angeboten. Aber es dreht sich nicht alles nur um Früchte und Gemüse. Zu den ausgesuchten Hemmes-Spezialitäten gehören Edelobstbrände und fruchtige Liköre.

1976 begann Johann Hemmes gemeinsam mit Sohn Günter und Schwiegertochter Erika mit einer sogenannten Obstabfindungsbrennerei, in der ursprünglich die überschüssige Ernte verarbeitet werden sollte. Bald kam man buchstäblich auf den Geschmack. Heute bilden die hauseigenen Spirituosen aus Aprikose, Himbeere, Birne und anderen reifen Früchten einen wachsenden Zweig innerhalb des Familiengeschäfts. Wer nichts Alkoholisches möchte, nascht von den Fruchtgummis. Dank der gelatinefreien Sorten kommen sogar Veganer in den süßen Genuss!

Wer den Betrieb näher kennenlernen möchte, kann sich auf einem der Hoffeste umschauen. Essen und Trinken kommen dabei keinesfalls zu kurz – ob zur Erdbeerzeit, beim Spargelfest oder beim *Hemmes Hoffest* im Spätsommer. Wo bleibt der Rebensaft, fragen Sie sich zu Recht? Nun, dieser gehört ebenfalls zum Unternehmen, seitdem Florian Hemmes den Weinanbau zum Beruf wie zur Berufung machte.

Es muss nicht immer eine Weinprobe sein. Auch Edelbrände und Liköre bieten sich für die Verkostung in geselliger Runde an. Wer möchte, kann bei der Gelegenheit die Brennerei und Obsthalle erkunden.

Fest des jungen Weines
(Oktober)
Marktplatz
55435 Gau-Algesheim

9 Federweißer im Lichtspektrum
Fest des jungen Weines

Als »so charmant« bezeichnet sich selbst die kleine Gemeinde am Rhein, die neben einer gepflegten Altstadt mit hübschem Marktplatz auch eine reizvolle Umgebung mit dem Naturschutzgebiet *Gau-Algesheimer Kopf* zu bieten hat. Das Rheinufer liegt gerade einmal drei Kilometer entfernt. Eine beliebte Attraktion ist das *Fest des jungen Weines*, das jährlich an vier Tagen im Oktober im historischen Zentrum ausgerichtet wird.

Dem besonderen Anlass zuliebe putzt sich die Altstadt heraus! Wie das Rathaus erstrahlen zahlreiche Gebäude in vielfarbigem Schein, und leuchtende Lichterketten sorgen für eine feierliche Stimmung. In den eigens auf dem Marktplatz errichteten Pagodenzelten laden die örtlichen Winzer zur Verkostung ihrer Spezialitäten ein.

Wie der Name erwarten lässt, liegt das Augenmerk des *Festes des jungen Weines* auf den neuesten Tropfen, was aber nicht bedeuten soll, dass Weinliebhaber ohne die älteren Jahrgänge auskommen müssen. Federweißer, der wegen der im Glas prickelnden Hefen andernorts auch Bitzler, Rauscher, Bremser oder Sauser genannt wird, befindet sich sozusagen auf halber Strecke zwischen Traubensaft und Wein, wobei die Beeren rot oder weiß gewesen sein können. Die Hefen wandeln den Traubensaft in Alkohol um, und die dabei entstehende Kohlensäure entweicht. Am besten schmeckt der Federweißer, wenn sich Süße, Alkohol und Fruchtsäure in Balance befinden. Und wer bei all den edlen Tropfen Appetit auf etwas Handfestes bekommt, lässt sich rheinhessische Tapas munden.

Entstanden ist das Winzerfest im Jahr 1952 mit dem Erntedank als Grundgedanken. Untermalt werden die Feierlichkeiten durch Livemusik in den Winzerhöfen, die an diesen Tagen ihre Tore für die Besucher einladend öffnen.

Wer Federweißer mitnehmen möchte, sollte die Flaschen aufrecht transportieren. Der Verschluss ist luftdurchlässig, damit die Kohlensäure entweichen kann. Kühlschrankkälte stoppt den Gärungsprozess.

10 Himmel und Erde im Hopfentempel
Brauhaus *Goldener Engel*

Geschwärzte Deckenbalken, schummriges Licht und abgewetzte Tische? Wer sich auf rustikales Ambiente gefasst gemacht hat, wird schon von Weitem stutzig werden. Der *Goldene Engel* am Ingelheimer Stadtrand mit seinen hellen rechteckigen Wandflächen und den senkrechten Lichtbändern erinnert eher an ein Museum für moderne Kunst oder einen neuzeitlichen Sakralbau als an ein Brauhaus. Beim Näherkommen steigt die Neugier auf das, was uns hinter der schlichten Fassade erwartet.

Die Verbindung von Tradition und Moderne prägt den Innenbereich, in dem kupferne Braukessel, aufgereihte Edelstahltanks und die ins Zentrum gerückten Sudkessel den Brauvorgang sichtbar machen. Wissbegierige Bierliebhaber können tiefer ins Thema einsteigen und den Braumeistern bei einem Seminar im *Goldenen Engel* über die Schulter schauen. Passend zum Biergenuss wird ein deftiges Gericht kredenzt. Als Richtlinie für das Brauen der unterschiedlichen Sorten gilt ausnahmslos das Deutsche Reinheitsgebot. Neben den Klassikern wie dem Hellen, Dunklen und dem Weißbier mischen sich wechselnde Saisonbiere unter das Produktrepertoire.

Die Küche ist – wie in vielen Brauhäusern üblich – vor allem herzhaft mit Angeboten wie Leberknödeln, Rinderleber, *Himmel und Erde* sowie rheinhessischen Speisen, darunter Handkäs' und Ingelheimer Wurstsalat. Aber ein Veggie-Burger lässt sich ebenfalls auf der Karte entdecken.

Trotz der eher strengen Architektur erweist sich der Gastraum als behaglich, wozu viel Holz und helle Bruchsteinwände beitragen. So ist das *Brauhaus Goldener Engel* nicht nur für Genießer des Gerstensafts eine gute Alternative in der Rotweinstadt Ingelheim. Auch wer moderner Architektur nicht abgeneigt ist, findet in dem 2007 entstandenen Brauhaus ein sehenswertes Ziel.

An warmen Sommertagen ist der Biergarten mit Selbstbedienung geöffnet. Die kleinen Gäste können sich auf einem Spielplatz austoben.

11 Glücksrevier für Naschkatzen
Café-Konditorei *Purer Genuss*

Geschickt platziert zwischen Nieder-Ingelheim, einst höchst bedeutsam dank der Kaiserpfalz Karls des Großen, und Ober-Ingelheim mit der beeindruckenden Burgkirche, entstand 2011 Ingelheims Neue Mitte. 8.000 zeitgemäß gestaltete Quadratmeter verlocken zum Shoppen. Wer eine Pause einlegen möchte, findet diverse gastronomische Gelegenheiten. Für den Besuch im Café *Purer Genuss* ist jedoch nicht unbedingt ein Einkaufsbummel als Anlass erforderlich. Die Produktpalette bietet genügend verführerische Gründe für den Weg ins Zentrum.

Wie die weiteren Spezifizierungen »Conditorei«, »Confiserie« und »Bistro« im Namenszug ahnen lassen, kann sich der Gast wahlweise mit Süßem aller Art oder herzhaften Gerichten verwöhnen lassen. Frühstücksvarianten ergänzen die kulinarische Auswahl. Dazu listet die Speisekarte neben verschiedenen Trinkschokoladen ein Dutzend Kaffeevarianten auf: *Baileys Cappuccino* und *Tiramisu Milchkaffee* machen neugierig. Oder doch lieber einen Pott Filterkaffee, wie früher? Wer seinen Kaffee draußen auf der Terrasse trinkt, kann mittwochnachmittags wie samstagsvormittags dem Treiben auf dem Ingelheimer Wochenmarkt zuschauen. Das Kuchen- und Torten-Ensemble kommt täglich frisch aus Christine Jungs Backstube. Weil die Konditormeisterin und Schokoladen-Sommelière liebend gern in ihrer *Kreativwerkstatt* tüftelt, bekommen die Gäste die rührige Inhaberin des *Puren Genusses* eher selten zu Gesicht. Lohn ihrer Mühe sind Auszeichnungen wie die als beste Genuss-Adresse des Magazins *Feinschmecker*. Der Geschmackstest im Café bestätigt es.

Auf die Schnelle werden wir im Café auch glücklich, ohne selbst Hand anzulegen. Trüffeln und Pralinen aus der Vitrine, verfeinert mit Haselnüssen aus dem Piemont, Marzipan aus Mandeln vom Mittelmeer, Champagner oder Ingelheimer Frühburgunder lassen Schokoträume umgehend wahr werden.

Wenige Schritte von der Neuen Mitte entfernt macht ein moderner Baukomplex auf sich aufmerksam: Die Kultur- und Kongresshalle *kING* ist bekannt für ihr vielseitiges Veranstaltungsprogramm.

Restaurant Alt Ingelheim
mit Biergarten
Marktplatz 15
55218 Ingelheim am Rhein
06132 3424

Ingelheimer Kaiserpfalz
mit Besucherzentrum
und Museum
François-Lachenal-Platz 5
55218 Ingelheim am Rhein
Museum: 06132 714701

12 Stadtgeschichten
Restaurant *Alt Ingelheim*

Fast scheint es, als wollten uns die *Faulenzer* den Weg zur Ingelheimer Gastlichkeit weisen. Einen amüsanten Blickfang bilden die drei Gesellen allemal. Lässig auf einer Steinsäule hockend, scheinen die Skulpturen vor der Fachwerkfassade des Restaurants *Alt Ingelheim* eine Pause eingelegt zu haben. Während ein Bronzemann genießerisch von einer Weinrebe nascht, wird er gutmütig von seinem gegenübersitzenden Kollegen beobachtet, der sich mit Kirschen am Ohr geschmückt hat. Der Dritte im Bunde hat das Spargelmesser beiseitegelegt, als ruhe er sich von der Feldarbeit aus. Mit seinem Werk auf dem Ober-Ingelheimer Marktplatz erinnert der Künstler Benedikt Maria Bauer, der im Ort zur Schule ging, auf humorvolle Weise an den Weinbau, die Kirschbaumplantagen sowie die Spargelfelder und deren Bedeutung für die Stadt am Rhein.

Zarten Spargel genießen wir vis-à-vis im Restaurant *Alt Ingelheim*, das für seine feine und einfallsreiche Küche überregional bekannt und beliebt ist – und in einem historischen Gebäude mit Charme und zurückhaltender Eleganz residiert. Wer sich nach der Einkehr die Beine vertreten möchte, kann die imposante Wehrmauer der Burgkirche umrunden oder zu einem Erkundungsgang zu einer weiteren historischen Sehenswürdigkeit aufbrechen.

Knapp zwei Kilometer vom Marktplatz entfernt liegt die Kaiserpfalz, die der fränkische König Karl der Große (748–814) im heutigen Nieder-Ingelheim errichten ließ und ab 774 zu seinem bevorzugten Aufenthaltsort bestimmte. Hätten Sie gedacht, dass schon Karl der Große in seinem Reich eine Art Reinheitsgebot für Wein erließ? Dieser durfte daraufhin nur noch in Holzfässern oder Lederschläuchen gelagert werden. Und das Stampfen der Trauben mit bloßen Füßen stellte der majestätische Weingenießer sogar unter Strafe!

Sehenswert sind das Besucherzentrum und das Museum bei der Kaiserpfalz. Eine Computerrekonstruktion erläutert die Bauphasen der Kaiserpfalz.

Ingelheimer Rotweinfest
(September/Oktober)
An der Burgkirche
55218 Ingelheim am Rhein

Tourist-Information Ingelheim
Binger Straße 16
55218 Ingelheim am Rhein
06132 710009200

13 Stadtwein für den Kaiser
Ingelheimer Rotweinfest

In Ingelheim ist Ausdauer gefragt. Neun Tage und Nächte rund um den Wechsel zwischen September und Oktober sind nicht nur in den Kalendern zahlreicher Einheimischer dick angestrichen. Das *Ingelheimer Rotweinfest* erweist sich selbst in der an Weinfesten reichen Herbstzeit als überregional geschätzter Jahreshöhepunkt. Das ist sicherlich mitunter dem historischen Ambiente geschuldet: Seit den 1930er-Jahren wird in Ober-Ingelheim vor dem massiven Gemäuer der Burgkirche, einer der größten Wehrkirchenanlagen der Region, ausgiebig geschlemmt und gefeiert.

Eine von Zinnen besetzte Mauer umrundet den Sakralbau mitsamt Friedhof. Er stammt aus dem 14. Jahrhundert und sollte der Bevölkerung im Fall einer Belagerung Schutz bieten. Eine Hoffnung, die bei einer Mauerhöhe von neun und -stärke von zwei Metern berechtigt erscheint. Eine markante Zinnenreihe kennzeichnet auch den romanischen Turm, der zu den ältesten Gebäudeteilen der Wehrkirche gehört und den mittelalterlichen Wachposten die Kontrolle der Umgebung ermöglichte.

Das umfangreiche kulinarische Programm des *Ingelheimer Rotweinfestes* wird ergänzt von drei Musikbühnen und einem Vergnügungspark mit hohem Spaßpotential für die Jüngsten. Die abendliche Illumination erhöht das stimmungsvolle Flair im Burgkirchenareal. Abschluss und zugleich Höhepunkt der Feierlichkeiten bildet das traditionelle Musikfeuerwerk. Und welche Erzeugnisse präsentieren die Ingelheimer Winzer? Neben Spätburgunder, Portugieser und Dornfelder kommen die Produkte vielerlei Rebsorten zur Verkostung, darunter zum Beispiel die Stadtwein-Cuvée *Carolus*, die Karl dem Großen gewidmet wurde. Auch deswegen darf sich das Ingelheimer Event mit dem Gütesiegel »Ausgezeichnetes Weinfest« schmücken.

Wer die Ingelheimer Winzer näher kennenlernen möchte, findet dazu bei den *Weinhöfefesten* die Gelegenheit. An unterschiedlichen Terminen laden die Weinbauern zu rheinhessischen Spezialitäten ein.

Ingelheim/Rhein

Wasems Kloster Engelthal
Edelgasse 15
55218 Ingelheim
am Rhein
06132 2304

14 Kulinarische Familienbande
Restaurant Wasems Kloster Engelthal

Ebenbürtig stehen sie Seite an Seite: die massiven Klostermauern und als lichter Zwischenbau ein Treppenhaus, das alle Gebäudeteile miteinander verbindet. Dass sich im *Wasems Kloster Engelthal* historische und moderne Elemente harmonisch vereinen, ohne ihre Eigenständigkeit zu verlieren, zeigt auch der Blick in die schlicht-eleganten Innenräume des denkmalgeschützten Anwesens in Ober-Ingelheim.

Aus dem Jahr 1290 stammt die erste urkundliche Erwähnung der Abtei. Zu den frühsten Bewohnerinnen gehörten Nonnen des Zisterzienserordens. Kurfürst Friedrich III. von der Pfalz löste das Kloster 1573 auf. Von der ursprünglichen Anlage blieb der westliche Gebäudeflügel erhalten.

2009 hatte die Familie Wasem, die in dritter und vierter Generation mit dem Weinbau verbunden ist, das einstige Zisterzienserinnenstift erworben. Ihr Mut zur zeitgemäßen Baukunst, verknüpft mit dem Ziel, Tradition zu bewahren, wurde mit dem *Architekturpreis Wein* der Bundesstiftung Baukultur belohnt. Eine Auszeichnung, die verrät, dass der Wunsch aufgegangen ist, eine Erlebniswelt rund um den Rebensaft zu schaffen.

Dazu gehören die Vinothek als das neue Herz des Gebäudeensembles und als weiterer Treffpunkt für Weinfreunde und Feinschmecker die Klostergastronomie mit ihrer regionalen und saisonalen Küche – von der Brotzeit bis zum anspruchsvollen Menü. Gespeist wird unter dem Kreuzgewölbe oder bei sommerlichen Temperaturen auf der Terrasse im Innenhof. Die kredenzten Tropfen stammen aus dem familieneigenen *Weingut Wasem*, das sich nahebei auf einem ehemaligen Adelssitz befindet. Holger Wasem führt die Kellerei gemeinsam mit den Söhnen Julius und Philipp. Ehefrau Karin Wasem leitet das Restaurant. Sohn Gerhard Wasem ist verantwortlich für die Veranstaltungen in *Wasems Kloster Engelthal*.

Ein Blick in den Veranstaltungskalender lohnt sich: Über Hoffeste mit Jazz-Frühstück, Autorenlesungen und Brunch-Büfett spannt sich der Bogen in *Wasems Kloster Engelthal*.

Ingelheim/Rhein

15 Herzhafte Genussgrüße aus der Pfalz
Landgasthof Engel

Mit seinem malerischen Marktplatz und dank der zahlreichen Kellereien und Wirtshäuser ist das rheinhessische Weinstädtchen Schwabenheim an der Selz von jeher als Ausflugsziel beliebt. Am Markt präsentiert sich als schmucker Blickfang der *Landgasthof Engel*.

Man könnte vermuten, ein Gebäude in derart exponierter Lage sei immer schon Gasthaus gewesen. Doch dem ist nicht so. Ursprünglich wurden an dem Standort Landwirtschaft und Weinbau betrieben. Erst Barbara und Georg-Ludwig Immerheiser vom gleichnamigen Schwabenheimer Weingut verwirklichten im ältesten Gehöft des Ortes mit großem Elan und jeder Menge ideenreicher Details ein liebevoll gestaltetes Restaurant. Dessen gemauerte Sichtsteinwände und rustikale Holzdielen wirken ländlich, ohne sich aufzudrängen. Zum Namen ließen sich die Bauherren von einer Inschrift an der Fassade inspirieren.

Der *Landgasthof Engel* empfiehlt sich für Gäste mit Appetit auf typisch rheinhessische Gerichte, erlaubt aber zudem kulinarische Ausflüge in die Pfalz. Auch wer sich zum Schoppen Wein nur mit einer Kleinigkeit stärken möchte, ist willkommen – ob im Gasthaus oder draußen im gepflegten Innenhof.

Doch zuvor schauen wir nach nebenan in das alte Kelterhaus und die einstigen Stallungen des Schwabenheimer Baudenkmals. Hierin befindet sich seit der Renovierung eine Vinothek. Das *Weingut Immerheiser* scheut keine Konkurrenz und bietet zu den eigenen Tropfen eine breite Auswahl an Spitzenerzeugnissen aus aller Welt an. Um die 400 Weine listet das Sortiment auf. *Schlemmen mit Stil* kennzeichnet die Veranstaltungen, für die nebenan in der Küche des Landgasthofes Engel gekocht wird. Bei einer Weinprobe mit Blindverkostung darf man sich auf vergnügliche Geschmackserfahrungen gefasst machen.

Zusätzlich zum Landgasthof Engel und der angrenzenden Vinothek betreibt das *Weingut Immerheiser* in Schwabenheim ein Hotel und Gästehaus.

Schwabenheim/Selz

Rheinhessische Tapas beim
Schwabenheimer Weinsommer
(April)
Am Marktplatz
55270 Schwabenheim
an der Selz

16 Schlemmen bei Rebensaft und Tapas
Schwabenheimer Weinsommer

An Weinfesten herrscht in Rheinhessen wahrhaftig kein Mangel. In beinahe jedem Dorf, in jeder Stadt wird über das Jahr ein oder mehrmals mit und für den Wein gefeiert. Im lauschigen Schwabenheim an der Selz startet die zweitägige lukullische Hommage an den Rebensaft bereits früh im Jahr. Jährlich am letzten Wochenende im April laden ein rundes Dutzend ansässiger Winzer zum *Schwabenheimer Weinsommer* ein.

Die heimlichen Stars der Feierlichkeiten sind rheinhessische Tapas, die in jeder Kellerei zu den Weinproben gereicht werden und ein Zeichen setzen für die kulinarische Kreativität der Winzer. Die zweite Hauptrolle gebührt selbstverständlich dem edlen Tropfen. An die 100 Weine warten auf genussfreudige Besucher.

Das Fest kann entspannt auf einem Spaziergang – allein oder in fröhlicher Runde – durch die Schwabenheimer Altstadt erkundet werden. Die meisten Winzer gruppieren sich um den zentralen Marktplatz. Zu den weiter entfernt liegenden Gütern zuckelt der Trecker-Shuttle – eine rustikale Sightseeing-Tour. Wer nach den ausgiebigen Weinproben nicht mehr fahren sollte, mietet sich am besten ein Gästezimmer auf einem Weingut. Nur nicht zu lange mit der Reservierung warten, die Übernachtungsquartiere sind gefragt!

Wer den *Schwabenheimer Weinsommer* verpasst, muss nicht bis zum nächsten Frühjahr warten. Dank seiner zahlreichen Kellereien, Vinotheken und Restaurants ist das Winzerstädtchen zu jeder Zeit einen Besuch wert und lockt zu allerlei Gelegenheiten mit Kellerführungen, Hoffesten und weiteren Veranstaltungen, die sich die einzelnen Weingüter auf die Fahnen schreiben. Wer die weite Landschaft an der Selz zu Fuß erleben möchte, kann sich einer Weinwanderung anschließen oder einer der nahe gelegenen *Selztal-Terroir-Routen* folgen.

Die Eintrittskarten zum *Schwabenheimer Weinsommer* sind im Vorverkauf bei den teilnehmenden Winzern erhältlich. Man kann ohne Eintrittskarte mitfeiern, hat aber keinen Anspruch auf die angebotenen Tapas.

Schwabenheim/Selz

Weingut Wagner mit Straußwirtschaft
Hauptstraße 30
55270 Essenheim
06136/87438

17 Schmackhaftes für alle Sinne
Weingut Wagner mit Straußwirtschaft

Wer kennt das nicht? Kaum sitzt man gesellig beisammen, wird die Unterhaltung auf das gelenkt, was so verführerisch im Schoppenglas schimmert. Bei Diskussionen über Wein geht der Gesprächsstoff selten aus. Vor allem, wenn wir zum Weingenuss bestens unterhalten werden.

Während das Publikum im geräumigen Innenhof aufmerksam lauscht, zeigen Künstler auf der Bühne ihr Können. Der Veranstaltungskalender des Weinguts Wagner ist mit vielen Programmpunkten bestückt. Über Kleinkunst, Theater und Konzerte spannt sich der thematische Bogen bis hin zu den Krimilesungen des Winzers Andreas Wagner, der als promovierter Historiker die ruhigeren Wintermonate zum Schreiben nutzt.

Damit bei aller Freude an der Kultur der Rebensaft und die Kulinarik ihre Hauptrollen behalten, bedarf es einiges an Einsatz. So teilen sich Andreas Wagner und seine Frau die Aufgaben mit seinen Brüdern Ulrich und Christian sowie deren Ehepartnerinnen. Alle können Wissen aus unterschiedlichen Berufen in den betrieblichen Alltag einbringen. Sechs Köpfe, die dank ihrer vielfältigen Erfahrungen die innovative Entwicklung der Rot- und Weißweine vorantreiben, wie nationale und internationale Auszeichnungen zeigen. Die Familienmitglieder arbeiten Hand in Hand auf dem Gut, das sich seit 300 Jahren im Besitz der Wagners befindet.

An den Hängen des Selztals gedeihen Rotweine wie Spätburgunder und Merlot, aber auch weiße Sorten wie Grauer und Weißer Burgunder, Riesling, Sauvignon Blanc und Scheurebe. Zur Einkehr lädt die über die Sommermonate geöffnete Straußwirtschaft ein. Eine wunderbare Gelegenheit bieten zudem die alljährlichen Hoffestspiele im idyllischen Winzerhof. Ein Genuss für alle Sinne unter freien Himmel!

Wenn die Winzer Wagner zum *Weinbergrundgang* einladen, wird der gute Tropfen dort verkostet, wo die Trauben heranwachsen. Der Spaziergang zwischen den Reben dauert etwa zwei Stunden.

Essenheim

18 Mit dem Apfel auf du und du
Obsthof *Appel Happel* in Marienborn

20.000 Apfelsorten soll es weltweit geben. Nicht überraschend, schließlich gehört dieses Obst zu den beliebtesten Früchten. Ein knackiger Apfel schmeckt nicht nur herrlich saftig, sondern versorgt uns mit einem breiten Spektrum an Vitaminen, Mineralstoffen und Spurenelementen. Und er sieht dabei derart appetitlich aus! Viele gute Gründe also für Ilonka und Stephan Happel und ihre Familie, sich mit Leib und Seele dem wundervollen Kernobst zu verschreiben.

15 Apfelsorten darf man sich auf ihren Obstwiesen sogar auf Tuchfühlung nähern: beim Selbstpflücken, wozu sich von August bis Ende Oktober viele Gelegenheiten bieten, weil die Früchte zu unterschiedlichen Zeiten reifen. Wer nicht selbst Hand anlegen möchte, kauft im Hofladen ein. Dank einer ausgewogenen Kühltechnik sind dort übers gesamte Jahr frische Äpfel zu bekommen. Zusätzlich werden Mirabellen, Zwetschgen, Birnen und Quitten sowie je nach Jahreszeit auch Erdbeeren, Himbeeren, Süßkirschen und weitere Obstsorten angeboten. Teile der Ernte werden zu Säften und Obstbränden weiterverarbeitet.

Der Hof *Appel Happel* liegt in prominenter Nachbarschaft des ZDF-Hochhauses, das als markanter Block in den Himmel aufragt. Gegen die Glaspaläste der Sendeanstalten und Filmproduktionsfirmen, die sich auf dem Mainzer Lerchenberg angesiedelt haben, wirkt das nahe gelegene Marienborn liebenswert dörflich und bodenständig. 1969 wurde der Ort mit seiner gut 1.000-jährigen Geschichte in die Landeshauptstadt eingemeindet und ist heute der zweitkleinste Mainzer Ortsteil. Ein bewusster Umgang mit der Natur und Nachhaltigkeit liegen Ilonka und Stephan Happel am Herzen. Sowie das Bedürfnis, Kindern und Jugendlichen die unmittelbare Begegnung mit der Natur zu ermöglichen. So ist der Obsthof *Appel Happel* zugleich ein »Lernort Bauernhof«.

Zum Mainzer Apfelfest dreht sich bei Appel Happel alles um das knackige Kernobst. Die Feierlichkeiten finden jährlich Ende September auf dem Obsthof statt und sind bei Familien sehr beliebt.

Familie Mossel betreibt die
Amorella Kirsch-Manufaktur
Chausseehaus 1
55127 Mainz
(Marienborn)
06131 52690

19 Sauer macht fruchtig
Amorella Kirsch-Manufaktur in Marienborn

Dass sich im Marienborner Chausseehaus alles um die Sauerkirsche dreht, verrät allein das reiche Sortiment im Hofladen. Die Glanzzeit der Steinfrucht begann 1948, als Dr. Hans Mossel einen hochwertigen Kirschwein entwickelte und sich den Produktnamen *Amorella* einfallen ließ – eine Kombination aus »Amore« und »Schattenmorelle«. 2003 haben Fritz und Katja Mossel den seit 1822 bestehenden Familienbetrieb in der geschichtsträchtigen einstigen Zoll- und Pferdewechselstation des Mainzer Kurfürsten übernommen.

»Sauerkirschen sind unsere Leidenschaft!«, schwärmt Katja Mossel, die sich immer aufs Neue fruchtige Antworten auf die Frage einfallen lässt, welche Köstlichkeiten sich aus Schattenmorellen herstellen ließen. »Die Essigkirschen sind etwas sehr Besonderes.«

Über 25 Produkte bietet die *Amorella Kirsch-Manufaktur* mittlerweile an. Zum Kirschwein und -sekt – trocken ausgebaut, beide – und zum Kirsch-Dessert-Wein gesellte sich ein Gin der roten Frucht: eine Rarität, die in Zusammenarbeit mit einer Feinbrennerei destilliert wird. Und der Kirschbrand! 20 Kilogramm handgepflückte vollreife Schattenmorellen stecken sozusagen in einer Flasche. Mit dem alkoholfreien Kirsch-Frizz dürfen auch Autofahrer und Kinder anstoßen. Wer Marmelade kochen, aber auf die lästige Vorbereitung verzichten möchte, bekommt das Obst auf dem Hof entsteint und tiefgefroren. Tiefrote Früchte, wie gemalt!

Die hohe Qualität ist nur mit großem Einsatz zu erreichen. 2.000 Kirschbäume wollen gepflegt und die Früchte überwiegend von Hand gepflückt und verarbeitet werden. Dazu verfolgt Familie Mossel ein weiteres nachhaltiges Konzept: Bei der *Marktschwärmerei* erstellen verschiedene Erzeuger der Region einen gemeinsamen Produktkatalog, und der Kunde holt seinen kompletten Einkauf beim Gastgeber im Chausseehaus ab.

Bei einer *Kirschprobe* erfährt man viel Wissenswertes über die rote Frucht, den Anbau und die Verarbeitung. Der Rundgang durch Obstgarten und Manufaktur richtet sich an Gruppen (Termine auf Anfrage).

Anja und Axel Weil führen
Weil's Bauernladen
Lambertstraße 19
55126 Mainz (Finthen)
06131 475648

20 Hand in Hand den Sommer einfangen
Weil's Bauernladen in Finthen

Sommerfrischer geht es kaum: Was Anja Weil mit einer riesigen Begeisterung für genussvolles Kochen in ihrer Küche verarbeitet, stammt fast ausnahmslos und ohne Umwege aus dem eigenen Obstgarten und von den Äckern des Hofs. Spezialitäten aus Früchten, Gemüse und Spargel, die sie mit Lust am Experimentieren kreiert, finden die Kundinnen und Kunden in *Weil's Bauernladen* wieder.

Zum Sortiment gehören Fruchtaufstriche und Gelees ebenso wie Chutneys, Essige, Balsame, Sirupe und andere Genüsse wie die süß-sauer eingelegten Spargelspitzen, die gern als gesunder und kalorienarmer Snack geknabbert werden. Reife Früchte verwandeln sich mithilfe eines hochprozentigen Rums in *Beschwipstes Obst*. Säfte und Seccos – darunter eine alkoholfreie Apfel-Holunder-Mischung – ergänzen das Angebot. Während Anja Weil neue Rezepte für die Delikatessen aus der hofeigenen Ernte austüftelt, sorgt Obstbaumeister Axel Weil unter freiem Himmel dafür, dass alles wächst und gedeiht. Bestes Teamwork!

Axel Weil führt den elterlichen Obsthof in der vierten Generation. Ein umweltschonender, kontrollierter Anbau ist für ihn selbstverständlich. Seit den 1990er-Jahren bietet Familie Weil die selbst produzierten Waren im eigenen Laden an, was auch zahlreiche Mainzer zu schätzen wissen. Knapp acht Kilometer liegen zwischen der Altstadt und *Weil's Bauernladen* im verwinkelten Kern des Ortsteils Finthen. Seit dem Mittelalter bauen Finther Landwirte Obst und Gemüse an. Heutzutage ist der Finther Spargel weit über die Grenzen der Landeshauptstadt gefragt und wächst ebenso auf den Äckern der Familie Weil heran. Als tagesfrische Ernte in *Weils's Bauernladen* gekauft, zu Hause zubereitet und mit einem Schoppen rheinhessischen Rieslings serviert – welcher Spargelgenießer geriete nicht allein bei dem Gedanken ins Schwärmen?

Obwohl von den Römern kultiviert, gelangte der Spargel erst im 16. Jahrhundert nach Deutschland. Rheinhessischer Spargel wächst langsam und gilt als besonders gehaltvoll und wohlschmeckend.

Mainz

Gärtnerpaar Petra und Michael von
Stein's Kräuter & Garten
Mainzer Straße 180
55124 Mainz
(Gonsenheim)
06131 44198

21 Mit Gewürzduft und Blütenzauber
Stein's Kräuter & Garten in Gonsenheim

So speist man im Frühjahr farbenfroh: mit essbaren Blüten auf dem Teller! Auch der Blick in den Sortimentskalender von *Stein's Kräuter & Garten* wirkt appetitanregend.

Das kulinarische Jahr beginnt im Januar mit Wintergemüse wie Petersilienwurzeln, Roter und Gelber Beete und den winterlichen Vitaminbomben Feldsalat und Winterportulak, zu denen sich im Februar Brunnenkresse und Spinatsalat gesellen. Mit dem Frühling öffnen sich die ersten essbaren Blüten und warten im Hofladen gemeinsam mit allerlei Küchenkräutern wie Kerbel, Estragon und Waldmeister darauf, in den Einkaufskorb zu wandern. Fans von Grüner Soße werden ebenso fündig wie jene, die den Spargel daheim mit einem würzigen Dressing anrichten möchten. In den Sommermonaten wachsen Gemüsesorten wie Tomaten, Paprika, Gurken und Zucchini heran, bevor im Herbst die Pilz- und Kürbiszeit beginnt.

Trotzdem muss im Winter niemand auf knackiges Grün verzichten. Ein breites Sortiment an frischen Kräutern hält der Hofladen das gesamte Jahr über bereit. Ergänzt wird das Angebot von Obst und exotischen Früchten. Wer das Besondere liebt, probiert vielleicht eine seltene, beinahe vergessene Gemüsesorte aus. Rheinhessische Weine aus dem Umland, Gewürze, Essige, Öle und Chutneys stehen außerdem zum Kauf bereit.

Sie haben einen Garten, Balkon oder eine Terrasse? Warum nicht einige Kräuterpflanzen und – je nach Jahreszeit – duftende Blumen und blühende Stauden mit nach Hause nehmen? Für Fragen, ob zu den Gewächsen selbst oder deren Verwendung in der Küche, haben Petra und Michael Stein stets ein offenes Ohr. Auf ihrem Hof im Gonsbachtal baut das Gärtnerpaar seit vielen Jahren Kräuter, essbare Blüten und besondere Gemüsepflanzen an. Zur Freude aller, die eine frische und gesunde Küche lieben.

Feste feiern im Grünen auf dem Kräuterhof? Das lichtdurchflutete Kräuterhaus kann für private Feiern gemietet werden.

N'Eis am Gartenfeldplatz
(Frühjahr–Spätherbst)
Gartenfeldplatz 12
55118 Mainz
06131 4870677

22 Heißer Tipp aus coolem Viertel
Eisdiele N'Eis

Sommer, Sonne, superlecker: diese frostigen Leckerbissen! Jetzt heißt es, sich zu entscheiden, welche Sorten in die Waffel kommen. Die unterschiedlichen Geschmacksrichtungen im wechselnden Angebot können die Auswahl bei *N'Eis* durchaus zur lukullischen Herausforderung machen.

Das vielseitige Eis hat seinen Ursprung in der Mainzer Neustadt. Eine Dependance der Kulteisdiele befindet sich auf der Malakoff-Terrasse, nahe am Winterhafen. Ausgesprochen wird *N'Eis* in einem Wort, was klingt wie »nice«, das englische Wort für »nett«. Eine feine Idee, die zeigt, dass hinter der erfrischenden Erfolgsstory zwei innovative Köpfe stecken: Julia von Dreusche und Anke Carduck, die sich 2013 zur Eröffnung einer kleinen Eismanufaktur entschlossen hatten und damit in einem ehemaligen Bäckerladen in der Mainzer Neustadt selbständig machten. Zuvor hatten die beiden Gründerinnen ein *Eisdiplom* abgelegt. Innerhalb kurzer Zeit war der Insidertipp stadtbekannt.

Und das Geheimnis des Erfolgs? Das steckt zum einen in den Zutaten, zum anderen in außergewöhnlichen Zusammenstellungen. Beginnen wir mit dem, was in die Kugeln hineinkommt – beziehungsweise was nicht. Die Eismacherinnen verzichten auf künstliche Zusatz- und Farbstoffe sowie auf Aromen, denn gutes Speiseeis ist und bleibt ein Naturprodukt. Die Kreationen werden täglich aus frischen Grundstoffen produziert, die, wenn möglich, aus der Region stammen. Und was kommt nun hinein in die eisigen Köstlichkeiten? Zum Beispiel Honig, kombiniert mit Rosmarin, Birne mit Petersilie oder Zitrone mit Basilikum und andere außergewöhnliche Geschmacksverbindungen wie Karotte-Buttermilch-Banane und Pfirsich-Vanille. Wir wählen kurzentschlossen die Klassiker: Schokolade und Vanille. Damit die Schlange im Rücken nicht noch länger wird.

An beiden Standorten wird eine täglich wechselnde Auswahl von neun bis zwölf der insgesamt 150 Eissorten angeboten. Das aktuelle Angebot ist auf der Website nachzulesen.

Weinhaus Wilhelmi
Rheinstraße 53
55116 Mainz
06131 224949

23 100 Jahre »en Schoppe zum Handkäs'«
Weinhaus Wilhelmi

Wenn sich die Weinstube füllt, rückt man in Mainz bei »en Schoppe« zusammen. Dass dies auch im *Weinhaus Wilhelmi* beste Tradition ist, erlebt der Gast im Nu. Im putzig-schmalen Häuschen, das sich in der Rheinstraße wacker zwischen den großen Nachbargebäuden behauptet, treffen sich seit über 100 Jahren Mainzer »Schoppestecher« auf ein Gläschen und ein Schwätzchen. Und wenn gegenüber in der Rheingoldhalle die Vorstellung beendet ist, zieht es so manchen Konzertbesucher wie magisch hinüber ins *Wilhelmi*. Zum Glück befinden sich im erstaunlich geräumigen Obergeschoss weitere Tische – oder man kommt im Sommer draußen auf der Terrasse in der Spitalgasse zusammen.

Die Ausstattung der Innenräume ist »meenzerisch«-urgemütlich, und wer die bodenständige lokale Küche kennenlernen möchte, ist im Weinhaus Wilhelmi bestens aufgehoben. Was steht zur Wahl? Zum Beispiel der von den Gästen geschätzte *Meenzer Handkäs'* mit und ohne *Musik*: ein fettarmer würziger Käse aus Sauermilchquark. Die »Musik« ist eine würzige Marinade aus Essig, Öl und Zwiebelstückchen. Manche sagen sogar, es sei der vielleicht beste Handkäs' der Stadt. Oder lieber eine deftige *Meenzer Fleischwurst*? Und ja, es gibt weit mehr zu verspeisen als Ur-Mainzer Spezialitäten. Auch Vegetarisches!

Zweifellos gehört das *Weinhaus Wilhelmi* zu jenen urwüchsigen Mainzer Traditionswirtshäusern, denen der Lauf der Zeit nichts anzuhaben scheint. Seit Anfang des 19. Jahrhunderts beherbergt das Gebäude eine Gastwirtschaft. Seinen Namen erhielt es von der Familie Wilhelmi, die die Geschicke des Gasthauses über ein Jahrhundert von 1894 bis in die 1980er-Jahre lenkte. Es blieb das stadtbekannte wie beliebte *Wilhelmi*, als Christina Schickert den Betrieb 1998 übernahm.

Lassen Sie sich *Meenzer Spundekäs'* schmecken! Zur Creme aus Frischkäse und Quark, gewürzt mit Salz, Pfeffer und Paprikapulver, werden Bauernbrot oder Salzbrezeln gereicht.

Fisch Jackob
Fischtorstraße 5
55116 Mainz
06131 229299

24 Das Erbe der Rheinfischer
Fachgeschäft *Fisch Jackob*

Wenn ein Fachgeschäft den Zusatz »Institution« verdient, dann *Fisch Jackob*, die älteste Mainzer Fischhandlung, die 1897 von Edmund Jackob in der Fischergasse 4 gegründet wurde.

Der Fischer und Flößer wird sich kaum zufällig für dieses Viertel entschieden haben. Hier stand einst der Fischturm, ein Wach- und Gefängnisturm der Stadtbefestigung, vor dessen Pforte seit dem Mittelalter der Fischmarkt stattfand. Mit seinem Artenreichtum lieferte der Rhein seit jeher ein wichtiges Grundnahrungsmittel. So nah am Ufer lebten vor allem Fischer, Rheinschiffer und Kaufleute. Die *Edmund Jackob Fischhandlung* verkaufte vor allem jene Speisefischarten, die der Fluss zu bieten hatte; darunter Lachs, auch Salm genannt, der in so großer Zahl gefangen wurde, dass sich die Hausmädchen früher beschwerten, wenn er öfter als dreimal pro Woche auf den Tisch kam. Das Salmengässchen neben der Fischergasse erinnert an dieses bedeutende Lebensmittel. Nicht nur bei den Hausangestellten war sicherlich Seefisch zur Abwechslung sehr beliebt. Auf schnellstem Weg per Zug aus Bremerhaven angeliefert, gehörte er bereits in der Anfangszeit zum Sortiment der Fischhandlung.

1935 wurden die Ladenräume in die Fischtorstraße verlegt. Das Geschäft nannte sich mittlerweile kurz *Fisch Jackob*. Der Zweite Weltkrieg mit seinen verheerenden Zerstörungen der Mainzer Altstadt brachte weitere Veränderungen mit sich. Nach Zwischenstationen am Liebfrauenplatz und in der Augustinerstraße richtete Familie Jackob 1961 ihr Geschäft am jetzigen Standort in der Fischtorstraße 5 ein und eröffnete 1986 im Nachbarhaus das gleichnamige Restaurant. Die Firmengeschichte des Traditionshauses spiegelt auch ein Stück Mainzer Vergangenheit wider. Es sich bei *Fisch Jackob* schmecken zu lassen, gehört zu den geschätzten Mainzer Traditionen.

Das Ladenlokal ist beliebt für einen Mittagsimbiss, dank Fischbrötchen, Bratfisch, Fischsuppe und weiteren Fischgerichten.

Mainz

25 Bei »Weck, Worscht un' Woi«
Marktfrühstück

»Weck, Worscht un' Woi!« Brauchen Mainzer mehr, um glücklich zu sein? Ebenso genießen Besucherinnen und Besucher von weiter her diese Mainzer Spezialität beim *Marktfrühstück*, zu dem vom Frühjahr bis in den Herbst die Winzer aus dem Stadtgebiet auf den Liebfrauenplatz einladen – jeweils samstags und in wechselnder Besetzung.

Die herzhafte Stärkung aus Doppelbrötchen und Fleischwurst bekommt man vormittags an den Metzgerständen nebenan. Die »Worscht« zum Schoppen isst man gewöhnlich mit dem Brötchen kalt und aus der Hand. Traditionell versorgen sich die Winzer im Weinberg mit dieser schlichten Mahlzeit.

Das *Marktfrühstück* findet in herrschaftlicher Umgebung statt. Das *Haus zum Römischen Kaiser* mit zwei prächtigen Giebeln und einem mittig platzierten Turm gilt als Vorbild für weitere repräsentative Gebäude des Kurmainzer Adels und wurde aufwendig restauriert. Vor über 250 Jahren war der Renaissancebau ein Hotel, von dem auch der Name stammt. Damals beherbergte das Haus berühmte Gäste wie Goethe, Voltaire und Mozart. Seit den vergangenen Jahrzehnten dient es unter anderem dem Gutenberg-Museum als Ausstellungsfläche.

Zum *Marktfrühstück* werden beliebte Rebsorten wie Riesling, Silvaner und – als rote Variante – Spätburgunder ausgeschenkt. Längst ist der Winzermarkt alles andere als ein Geheimtipp, stattdessen ein wahrer Kulttreff, zu dem die Gäste in Scharen strömen. Vor allem an schönen Tagen sollte man sich auf eine gewisse Wartezeit einstellen, bis man sein Weinglas in den Händen hält. Aber Eile und Ungeduld passen sowieso nicht zur Mainzer Geselligkeit bei »Weck, Worscht un' Woi«. Während die Marktverkaufsstände bereits abgebaut sind, bleiben die Marktfrühstücker gern bis in den Nachmittag beisammen.

Ein weiterer Ausschank findet samstags und sonntags am Rheinufer statt. Auch diese Weinstation (Höhe Rathaus) wird abwechselnd von Mainzer Winzern betreut.

Großer Mainzer Wochenmarkt
Marktplatz
55116 Mainz

26 Im Angesicht St. Martins
Wochenmarkt

Märkte besitzen schon für sich genommen eine hohe Anziehungskraft. Diese lässt sich noch steigern, wenn sich neben dem reichhaltigen Angebot auch das Umfeld sehen lassen kann – was auf den Mainzer Wochenmarkt eindeutig zutrifft! Umgeben vom ehrwürdigen Dom St. Martin und den im Stil des Barocks restaurierten Markthäusern bieten die Händler ihre Waren an.

Über Markt, Höfchen und Liebfrauenplatz verteilen sich die Verkaufsstände im Schatten des mächtigen Kirchenschiffs. Mainzer Bürger verbinden ihre Besorgungen gerne mit einem Plausch mit Marktbeschickern und Bekannten, während Besucher von außerhalb das geschäftige Treiben auf sich wirken lassen. Vor allem regionale Produkte wie Obst und Gemüse, Eier und Brot finden ihre Käufer. Aber auch Schnittblumen aller Art und Honige verschiedenster Sorten, von Raps bis zum Kastanienhonig, lassen sich in den von bunten Sonnenschirmen geschützten Auslagen entdecken.

Der Mainzer Markt zählt zu den ältesten Deutschlands und lässt sich bis ins 8. Jahrhundert nachweisen. Im Zentrum des Platzes erweckt die Heunensäule den Anschein, sich seit Jahrhunderten zu behaupten. Alt ist der runde Monolith aus rotem Sandstein in der Tat. Die Säule wurde vor 1.000 Jahren von Miltenberger Steinmetzen gefertigt. Seit 1975 erinnert sie auf dem Mainzer Marktplatz an das 1.000-jährige Domjubiläum.

Die Verkaufsstände des großen Wochenmarkts öffnen jeweils dienstags, freitags und samstags bis in die Mittagszeit. Südlich des Doms – auf dem Leichhof – findet außerdem an jedem Mittwochvormittag eine kleinere traditionelle Variante statt. Die Mainzer Innenstadt bietet also reichlich Gelegenheiten, durch Gassen und über Plätze zu schlendern, um nach frischen Leckereien Ausschau zu halten.

Marktfrisch einkaufen kann man zudem auf den Wochenmärkten der Mainzer Stadtteile Bretzenheim, Gonsenheim, Hartenberg, Mombach, Neustadt und Weisenau zu unterschiedlichen Wochentagen.

Weinstube Hottum
Grebenstraße 3
55116 Mainz
06131 223370

**mainz STORE –
Tourist Information**
Markt 17
55116 Mainz
06131 242888

27 Legendäre »Meenzer« Lebensart
Weinstube Hottum

Die Suche nach einer charakteristischen Mainzer Traditionswirtschaft führt an der *Weinstube Hottum* nicht vorbei. Obwohl sie sich in der schmalen Grebenstraße zu verstecken scheint – ein Geheimtipp ist sie nicht und wohl kaum jemals gewesen. Seit 1791 steht »das Hottum« – wie die Mainzer eines ihrer ältesten Weinlokale in der Altstadt liebevoll nennen – für echte »Meenzer« Gastlichkeit. In jenem Jahr wurde das Gasthaus erstmals urkundlich erwähnt.

Christina Röskens, eine der beiden Chefinnen, kam Mitte der 1990er-Jahre als Studentin für einen Nebenjob in die Weinstube – und blieb! Nicht anders erging es Mitinhaberin Sabina Ekinovic, die ebenso als Aushilfe angefangen hatte. Christina Röskens und Sabina Ekinovic sind nicht die ersten Frauen, die das *Hottum* führen. Seit Generationen sind es vor allem Wirtinnen, die die herzliche Atmosphäre prägen.

Die Speisekarte bietet neben Mainzer Spezialitäten wie Handkäs' mit Musik und Spundekäs' deftige kalte und warme Gerichte wie einen Wursteller, Gulaschsuppe und Pfälzer Saumagen. Saisonale Speisen ergänzen das Angebot. Die Weine stammen aus Rheinhessen und dem Rheingau. Der grüne Kachelofen, der im Winter die Gaststube einheizt, scheint seit Jahrzehnten an seinem Platz zu stehen, und nicht wenige Besucher halten dem *Hottum* mindestens ebenso lange die Treue. Dank der urigen und ungezwungenen Stimmung im holzvertäfelten Gastraum gesellen sich zu den alteingesessenen Stammgästen täglich neue und junge Gäste. Jeder ist willkommen. Ob Rentner oder Student, Handwerker oder Akademiker, Bekannter oder Fremder: Wenn es in der Gaststube eng wird – was nach dem Öffnen am Nachmittag selten lange dauert –, rückt man Seite an Seite zusammen. Echte Mainzer Lebensart eben!

Die Mainzer Altstadt und deren Geschichte bei einer Führung kennenlernen! Informationen zu verschiedenen Themenrundgängen erteilt das *Mainzer Tourist Service Center*.

mutter holunder
Augustinerstraße 10
55116 Mainz
06131 4972482

28 Märchenhafte Düfte
Teehaus *mutter holunder*

Mutter Holunder, die weise Figur aus der Feder Hans Christian Andersens, stand Pate für das Teehaus *mutter holunder* in der Mainzer Fußgängerzone. Auch wenn sich in den Kannen kaum solch wunderbare Geschichten verbergen dürften wie die des dänischen Dichters, so duftet der aufgebrühte Tee im Salon auf alle Fälle märchenhaft verführerisch.

Der Weg dorthin führt durch die Augustinerstraße, die lang gestreckte Einkaufsmeile inmitten der Altstadt. Ein Kloster des Augustinerordens gab der Straße ihren Namen. Heute gehört die gleichnamige Kirche zu den bedeutendsten Gebäuden der historischen Nachbarschaft des Teeladens. Dass sich immer wieder unscheinbare Nachkriegsbauten in die alten Häuserzeilen einreihen, ist eine Folge der Zerstörungen im Zweiten Weltkrieg. Die prachtvolle Barockkirche hatte die Bombardierungen zum Glück heil überstanden.

Nur wenige Schritte entfernt liegt das schmucke Teehaus. Zusätzlich zu den etwa 250 angebotenen Teesorten aus aller Welt darf neben pikanten Chutneys und hochwertigen Ölen natürlich der namensgebende Holunder nicht fehlen. Wir entdecken ihn im Fruchtaufstrich, im Essig und Senf und schnuppern entzückt am Holundertee.

Tee aller Arten gab es in dem Gebäude aus dem 17. Jahrhundert bereits, bevor Silke Neumann im Jahr 2015 ihr Geschäft eröffnete. Als der vorhergehende Laden geschlossen werden musste, ergriff die passionierte Teetrinkerin die Gelegenheit beim Schopf und wagte nach 25 Jahren in der PR- und Marketingbranche den Sprung in die Selbständigkeit. Ein Stückchen Teesalon-Kultur zu schaffen, ist ihr ein Anliegen. Ein besonderer Ort, in dem Tradition auf Moderne trifft und wo sich Gäste ebenso zu Hause fühlen wie die Mainzer, die nach wie vor ihre liebgewonnenen Sorten finden.

Tea Time auf britische Art: Zelebrieren Sie im Salon des Teehauses Ihren Afternoon Tea bei einer Tasse Earl Grey und englischen Scones mit Clotted Cream und Erdbeermarmelade.

Christine Dörr vom
Käsekontor
Jakobsbergstraße 15
55116 Mainz
0171 1620332

29 Köstlichkeiten aus den Bergen
Käsekontor

Als Weißlacker, Rotes Laible und Ziegencamembert grüßen die Versuchungen in der Vitrine. Ein Anblick, der Käseliebhabern das Wasser im Munde zusammenlaufen lässt. Das Einzigartige an diesem Milchprodukt generell? Christine Dörr, die Inhaberin des Mainzer Käsekontors, muss nicht lange überlegen. Dass man aus einem einzigen Rohstoff – der Milch von Kuh, Schaf und Ziege – ein Lebensmittel in einer solch immensen Vielfalt herstellen kann, macht für sie die endlose Faszination des Käses aus.

Ihre Begeisterung für Duft und Aussehen, für Farbe und Geschmack ließ die gelernte Köchin, Restaurantfachfrau und Serviermeisterin nicht zögern, als sich die Gelegenheit bot, das Mainzer Käsegeschäft zu übernehmen. Zuvor hatte sie in dem Laden mit Freude ausgeholfen, war sie doch seit jeher käseaffin gewesen. Auf ihren Reisen nutzte sie jede Gelegenheit, die Erzeugnisse vor Ort zu probieren und mehr über alle Varianten der Herstellung zu erfahren. Vor dem beruflichen Neustart besuchte sie die Tölzer Käseakademie, um sich zur Fromelière fortzubilden.

Bei derart viel Herzblut verwundert eines nicht: Industriell gefertigte Massenware bleibt bei Christine Dörr außen vor. Wie der mittelalte Bergkäse, der unangefochtene Favorit der Mainzer Kundschaft, bietet sie fast ausschließlich Sorten aus handwerklich und nachhaltig arbeitenden Allgäuer Käsereien an, deren Betreiber sie oftmals persönlich kennt und schätzt. Anders als in Rheinhessen, wo die Viehhaltung eine untergeordnete Rolle spielt, ist die bayerische Bergregion ein Käseland wie kaum ein anderes. So bringt das Käsekontor die Allgäuer Lebenskunst nach Mainz. Zur Freude rheinhessischer Gourmets: Schließlich sind Käse und Wein wie füreinander geschaffen.

Lust auf eine Käse-Degustation oder eine klassische Käse-Wein-Probe im Freundeskreis? Auf Wunsch kommt das Käsekontor zu Ihnen nach Hause.

Gasthaus Willems
Kapuzinerstraße 29
55116 Mainz
06131 2109170

Katholische Kirche St. Ignaz
Kapuzinerstraße 36
55116 Mainz

30 Frischer Wind in alten Mauern
Gasthaus Willems

Einfach gut essen! Drei Wörter, mit denen sich die oberste Devise des Teams des *Gasthauses Willems* auf den Punkt bringen lässt. Wobei der Anspruch der Küche auf »gut« liegt! Mit Jan Willem Appeltrath kehrte im Juli 2017 junges Leben in das gediegene Altstadthaus aus dem Jahr 1724 ein, das zuvor bereits andere Wirtschaften beherbergt hatte. Der leidenschaftliche Gastronom verlieh seinem ersten eigenen Restaurant kurzerhand seinen Zweitnamen.

Zum frischen Wind gehört im *Gasthaus Willems* ein ausgefeiltes Konzept, das auf eine gehobene saisonale Küche setzt, ohne Traditionelles zu vernachlässigen. Eine überzeugende Verbindung, die sich auch in den Innenräumen widerspiegelt, wo ebenfalls Altbewährtes auf Neues trifft. Manches rustikales Detail wie die Holzvertäfelungen blieb erhalten, während anderes Interieur wie die Theke, Teile der Möblierung und Dekoration durch zeitgemäße Ausstattung ersetzt wurden. Ein Kontrast, dessen lebendiger Charme bei den Gästen gut ankommt. Als facettenreich erweist sich ebenso die Weinkarte, auf der sich neben den Produkten rheinhessischer Güter unter anderem auch Bioerzeugnisse und vegane Weine ausmachen lassen. Eine Tischreservierung empfiehlt sich.

Zu verfehlen ist das *Gasthaus Willems* nicht, wenn man sich an der Pfarrkirche St. Ignaz orientiert, die dem Restaurant in der Kapuzinerstraße unmittelbar gegenüberliegt. Diese Gasse zählt zu den ältesten Straßen der Mainzer Altstadt und verband die einstige Stadtmauer der römischen Siedlung mit dem Rhein. Ihren Namen verdankt das Sträßchen einem ehemaligen Kapuzinerkloster, das sich in der Nähe befunden hatte. Der Blick auf die St.-Ignaz-Fassade lässt sich von der Außenterrasse des *Gasthauses Willems* genießen, wenn an schönen Sommertagen auf dem Platz vor der Kirche serviert wird.

Auch in St. Ignaz verbindet sich mit barocken und klassizistischen Elementen scheinbar Konträres. Sehenswert sind die Deckengemälde und das Orgelgehäuse über dem Haupteingang.

Mole – Biergarten und Sommerlounge am Winterhafen
(Sommermonate)
Victor-Hugo-Ufer
55116 Mainz
0152 56881847

31 Urlaubsfeeling für Sonnenanbeter
Biergarten und Sommerlounge *Mole* am Winterhafen

Wer liebte das nicht? Am Wasser die Abendsonne genießen, Schiffe beobachten und an einem kühlen Drink nippen! Im Biergarten und der Sommerlounge *Mole* fügt sich all dies wunderbar ineinander.

Man sitzt auf Gartenstühlen direkt am Rheinufer. Der Blick schweift über den Fluss hinüber zur Maaraue und der Mainmündung auf der Wiesbadener Seite, gelegentlich unterbrochen von vorbeischippernden Frachtkähnen und flink über die Wellen hopsenden Sportbooten. Andere Besucher ergattern ein Lounge-Sofa oder hocken im Freundeskreis auf Bierbänken zusammen. Ungezwungen geht es allemal zu. Dazu passen unkomplizierte Gerichte, die der Gast persönlich am Küchencontainer bestellt. Selbstbedienung gilt, wie in vielen Biergärten Usus, auch für die Getränke. Besonders gefragt sind die hausgemachten Limonaden.

Der Biergarten nimmt die Spitze der eigentlichen Mole am Mainzer Winterhafen ein. Auf dem Fußweg hinüber lohnt sich ein Blick auf die Überführung, die das Malakoff-Gelände mit dem Victor-Hugo-Ufer verbindet. Wir überschreiten dabei eine nach altem Vorbild rekonstruierte Drehbrücke. Das denkmalgeschützte Original stammte aus dem Jahr 1877 und ermöglichte schon damals den Schiffen, unabhängig vom Wasserstand in den Winterhafen einzufahren. 2009 wurde der ursprüngliche Steg, der vom Rost stark angegriffen war, durch die neue Konstruktion ersetzt.

Bleibt die Frage, weshalb der Weg über die Mole nach dem berühmten französischen Dichter benannt wurde. Als Victor Hugo 1840 seine zweite Erkundungstour entlang des Rheins unternahm, machte er auch in Mainz halt. Seine Erlebnisse verarbeitete er später literarisch in der *Rheinreise*. Ob es dem Dichter im Biergarten *Mole* gefallen hätte? Wer weiß? Heutigen Gästen wie Hiesigen ist die Ruheoase mit Aussicht auf den Rhein auf alle Fälle einen Besuch wert.

Hübsch ist ein Spaziergang rund um den Winterhafen – ein Freizeithafen, der die Boote des Mainzer Yachtclubs beherbergt. Das Gelände auf der Mole wird im Sommer gern als Treffpunkt genutzt.

Weinfest im Kirchenstück
(Juli)
Weinlage
Am Kirchenstück
Alte Mainzer Straße
Nähe Ecke Hinterm Rech
55129 Mainz (Hechtsheim)

32 Seligkeit trifft Natur
Weinfest im Kirchenstück in Hechtsheim

Einmal im Jahr kehrt ein heller Schimmer in die »Hexemer Wingerte« ein. Dann erstrecken sich in den Hechtsheimer Weingärten eine 500 Meter lange Reihe weißer Sonnenschirme und darunter eine stattliche Anzahl weiß eingedeckter Tische, an denen die Besucher gesellig auf Bänken zusammenrücken, wenn sie nicht nebenan zwischen den Rebenzeilen ihre Picknickdecken ausbreiten.

Das *Weinfest im Kirchenstück* gehört zu den beliebtesten Mainzer Veranstaltungen dieser Art und findet jährlich an einem (langen) Juliwochenende inmitten des Hechtsheimer Rebengrüns statt. Von Freitag bis Montag wird ein Weinfest zelebriert, das längst Kultcharakter erworben hat. Im Freien reichen 14 Winzer des Ortes die Spezialitäten ihrer Straußwirtschaften an und schenken dazu gutseigene Weine und Sekte aus.

Neben dem Schlemmen und Genießen lockt der exponierte Schauplatz am Ortsrand über dem *Hechtsheimer Kirchenstück*. Die Weinlage wurde nach dem Gotteshaus St. Pankratius benannt. Seit gut 800 Jahren wird an diesem Hang Rebensaft erzeugt – unter anderem als Messwein für St. Pankratius. Bei klarem Wetter reicht die Aussicht über die begrünten Wellen der rheinhessischen Landschaft bis hinüber zum Lerchenberg und manchmal sogar zu den dunklen Hängen des Taunus auf der anderen Rheinseite.

1986 luden fünf Hechtsheimer Winzer zum allerersten Fest ins Kirchenstück ein – vermutlich kaum ahnend, zu welcher Erfolgsgeschichte sich ihre Idee auswachsen würde. Und mit welchen Besonderheiten können die Feierlichkeiten noch aufwarten? Nun, auf Musikbühnen und den geschäftigen Trubel wie bei vielen anderen Weinfesten wird man im Kirchenstück nicht treffen. Angesichts der Natur ringsherum gebühren dem edlen Tropfen als Hauptdarsteller und den Gaumenfreuden in entspannter Atmosphäre die höchsten Prioritäten.

Die *Winzervereinigung Mainz-Hechtsheim* lädt über das Jahr zu einer Reihe von Veranstaltungen ein. Termine und weitere Informationen finden Sie auf der Website.

Hofgut Laubenheimer Höhe
Auf der Laubenheimer
Höhe 1–3
55130 Mainz
(Laubenheim)
06131 622260

33 Hüttenflair auf hohem Niveau
Hofgut Laubenheimer Höhe

Allein die Fahrt hinauf zum *Hofgut Laubenheimer Höhe* lässt ein Panorama erahnen, das sich bald darauf beim Blick von der Terrasse auf den Rhein und seine Uferlandschaft in der Tat als einzigartig erweist. Wir befinden uns immerhin auf der höchsten Erhebung von Mainz! Zu den ausgedehnten Feldern und Weinbergen rundherum passt die Großzügigkeit des Restaurantgebäudes im modernen Fachwerkstil, dessen Name »Weinbergshütte« wohl als sympathisches Understatement verstanden werden darf.

Überhaupt kann im *Hofgut Laubenheimer Höhe* von kleinen Maßstäben keine Rede sein. Unterhalb der Panoramaterrasse erstreckt sich der weitläufig angelegte Hofgarten mit Bestuhlung und unbeeinträchtigter Sicht auf die rheinhessische Landschaft. Unter freiem Himmel geht es in der Sommerzeit leger zu. Die Getränke holt sich der Gast selbst, rustikale Schleckereien werden serviert. Währenddessen toben sich die jüngsten Besucher in der Hüpfburg aus. Oder sie beobachten die Pferde auf den nahe gelegenen Weiden, denn zum Hofgut gehört ein Pensionsstall mit Reithalle und Außenreitplatz.

Selbst im Winter droht keine Langeweile, wenn das *Hofgut Laubenheimer Höhe* einlädt: auf die höchstgelegene Eisbahn Rheinhessens. Beim Glühwein oder einem alkoholfreien Punsch können die Eltern den Kindern zuschauen oder sich selbst auf eine rutschige Partie einlassen. Da Bewegung hungrig macht, lockt im Anschluss die *Weinbergshütte*. Die Speisekarte bietet rheinhessische Gerichte und Spezialitäten auf gehobenem Niveau, wobei die Küche auf Zutaten Wert legt, die in der näheren Umgebung und ökologisch produziert wurden. Wer möchte, startet mit einem Brunch vom reichhaltig bestückten Büfett in den Sonntag. Der grandiose Ausblick kommt als Schmankerl obenauf.

Die Vinothek in der *Weinbergshütte* bietet unter anderem zehn Weinproben zu unterschiedlichen Themen an.

Mainz

Dominic Müller in seiner
Müller Kaffeerösterei
Hilgestraße 14
55294 Bodenheim
06135 705655

34 Rund um den Globus
Müller Kaffeerösterei

Leidenschaft für das schwarze Kultgetränk sollte man für die Arbeit in einer Kaffeerösterei unbedingt mitbringen! Dominic Müllers Faible für den koffeinhaltigen Wachmacher führte dazu, dass er 2012 die Bodenheimer *Müller Kaffeerösterei* übernahm. Fünf Jahre zuvor hatte seine Mutter den Betrieb gegründet.

Als Hotelfachmann und studierter Betriebswirt war Dominic Müller zuvor weit in der Welt herumgekommen. Die Sorten der Bodenheimer Rösterei sind ebenfalls um den Globus gereist. Sie stammen von allen Kontinenten: Der Rohkaffee reift in Kamerun, Brasilien, Indien, Kolumbien und dem peruanischen Hochland heran. Und das in immer größeren Anteilen aus biologischem Anbau und fair gehandelt wie beispielsweise in einem Gebiet in Guatemala. Nachhaltigkeit sowie eine gerechte Bezahlung der Bauern sind Dominic Müller ein ebenso wichtiges Anliegen wie die Reduzierung von Müll. Der Coffee-to-go wird in der *Müller Kaffeerösterei* in Mehrwegbechern ausgeschenkt.

Das Geheimnis beim Veredeln? Eine Röstzeit von gut 20 Minuten bei 200 bis 230 °C, damit die Bohnen ihre sensiblen Aromen entwickeln können und die Bitterstoffe entweichen. Ein schonendes Verfahren – »Langzeit-Trommelröstverfahren« lautet der Fachbegriff –, dessen Wirkung der Genießer anschließend in der Tasse schmeckt. Bis zu 60 Aromen verbergen sich in einer einzigen Bohne! Und als ausgesprochen verträglich gilt dieser geduldig geröstete Kaffee außerdem.

Mainzer Kaffeeliebhaber müssen nicht nach Bodenheim fahren, um Dominic Müllers Produkte zu genießen. Alternativ kann man weitere Standorte aufsuchen: den *Neustadt Kaffeeladen* (Frauenlobstraße 58), den *Kaffeeladen* (Fischtorstraße 7) oder die *Kaffeelounge* nah am Hauptbahnhof (Binger Straße 23). Sehr beliebt ist das *Kaffeemobil* auf dem Liebfrauenplatz und dem Mainzer Wochenmarkt. Unverkennbar ist der umgerüstete Oldtimer!

Kaffee zu lieben, heißt nicht zugleich, viel darüber zu wissen. Ändern lässt sich das mit einem zweistündigen *Kaffeeseminar* in der Mainzer *Kaffeebar*. Natürlich wird währenddessen verkostet.

Bodenheim

St. Albansfest
(Juni)
Am Reichritterstift
55294 Bodenheim

Tourist-Information Bodenheim
Obergasse 22
55294 Bodenheim
06135 704913

35 Geselligkeit auf der Rheinterrasse
St. Albansfest

Zu Recht rühmt sich Bodenheim als das »Tor zur Rheinterrasse«, auf der sich die weiteren Winzergemeinden Nackenheim, Nierstein, Guntersblum und Alsheim anschließen. Seit mehr als 1.250 Jahren wird in Bodenheim der Weinbau gepflegt.

Die Großweinlage *Sankt Alban* wurde nach dem heiligen Alban benannt, einem Priester, der aus dem Gebiet des heutigen Italiens oder Griechenlands stammte. Um das Jahr 406 soll er in Mainz auf ebenso grausame wie spektakuläre Weise aus dem Leben geschieden sein. Nach seiner Hinrichtung trug er, so die Überlieferung, seinen abgeschlagenen Kopf bis zu der Stelle, an der er bestattet werden wollte. Auf seinem Grab entstand später ein Kloster. Auch die Bodenheimer Pfarrkirche (mit einer sehenswerten Rokokokanzel und zwei Seitenaltären) erhielt den Namen dieses bemerkenswerten Geistlichen. Wie eindrücklich Alban der Stadt über die Jahrhunderte in Erinnerung geblieben ist, beweist das Standbild, das zu seinem Gedenken im Jahr 1910 in den Weinbergen errichtet wurde. Unverkennbar wird der Märtyrer mit dem abgetrennten Haupt in den Händen dargestellt.

Im Angesicht dieser Heiligenstatue feiert Bodenheim jährlich das *St. Albansfest*, das am ersten Wochenende im Juni in die Weinberge einlädt. Die Straße *Am Reichsritterstift* verwandelt sich in eine Flaniermeile. Bevor sich die Besucher entlang der Mauer bis spät in die Nacht vergnügen, wird die Veranstaltung am Alten Rathaus feierlich eröffnet. Zu rheinhessischen Leckerbissen werden die Tropfen der heimischen Winzer ausgeschenkt. An etwa 15 Ständen können die Gäste die Bandbreite der Bodenheimer Weinproduktion erkunden. Wer hoch hinauf möchte, nimmt im Riesenrad Platz und schaut sich das bunte Treiben aus luftiger Höhe an.

Per Fahrrad der *Rheinterrassenroute* durch beschauliche Weinorte folgen.

Bodenheim

Weingut Kirch mit Straußwirtschaft
Schreiberweg 2
55294 Bodenheim
06135 6538

Weinstube Kapellenhof
Kirchbergstraße 22
55294 Bodenheim
06135 2257

36 Winzerschoppen rund ums Jahr
Weingut Kirch mit Straußwirtschaft

Als eine der größten Winzergemeinden Rheinhessens bietet Bodenheim einer Reihe von Weingütern und Ausschänken eine Heimat. *Zur guten Stube* nennt sich die Straußwirtschaft des *Weinguts Kirch*. Wer sich in der Sommersonne auf der Terrasse niederlässt, darf sich dank der blühenden Oleanderbüsche und Terrakottafiguren kurzzeitig ans Mittelmeer versetzt fühlen und den Anblick grüner Weinberge auf sich wirken lassen. Die Rebflächen reichen bis an die Terrasse heran.

Die Kellerei Kirch ist, wie so viele rheinhessische Weingüter, ein Familienbetrieb und wird in zweiter Generation vom Winzermeister Stefan Kirch und seiner Frau Angela geführt. Den Grundstein dafür legten die Eltern Hannelore und Heribert Kirch. Auf rund zehn Hektar gedeihen Weißweinsorten wie Riesling, Weißburgunder, Rivaner sowie die roten Spätburgunder und Dornfelder. Die beinahe vergessene Rebsorte Saint Laurent hat sich, wie mittlerweile auch anderweitig in Rheinhessen, auf den hügeligen Anbauflächen ebenfalls bestens etabliert. Ursprünglich stammt die rote Traube aus Frankreich. Neben Weinen bietet Winzer Kirch Sekte und Seccos, Brände und Säfte an.

Tochter Jacqueline Eckert setzt die Familientradition fort und übernahm die *Weinstube Kapellenhof*, die 1970 von Hannelore und Heribert Kirch in Bodenheim eröffnet wurde. Der Turm der St. Alban-Kirche weist den Weg dorthin. Selbstverständlich füllen die familieneigenen Erzeugnisse die Gläser der Gastwirtschaft. Wenn die Straußwirtschaft *Zur guten Stube* auf dem Gut im Herbst schließt, öffnet über die Wintermonate bis zum Frühjahr die *Weinstube Kapellenhof* ihre Pforten. So kommen die Gäste der Kirchs das ganze Jahr über in den Genuss der Weine und der Gastlichkeit der Winzerfamilie.

Der *Bodenheimer Weinlehrpfad* führt auf 2,7 Kilometern auf einem Rundkurs durch die Weinberge und informiert über Rebsorten und die Arbeiten zwischen den Rebstöcken.

Bodenheim

Nieder-Olmer Weinstube
Pariser Straße 96
55268 Nieder-Olm
06136 766999

37 Glanzlichter unterm Kreuzgewölbe
Nieder-Olmer Weinstube

Was glitzert dort überall im Bruchsteinmauerwerk? Zahllose Cent-Münzen, mit liebevoller Präzision in die Fugen gesetzt, wie sich auf den zweiten Blick herausstellt. Sozusagen ein Urlaubsmitbringsel, erklärt Heribert Dapper, der Wirt der *Nieder-Olmer Weinstube*, augenzwinkernd. Ein Stammgast hatte sich während einer Wanderung auf dem Jakobsweg dazu inspirieren lassen und den Einfall im heimischen Wirtshaus in die Tat umgesetzt – und seither viele eifrige Nachahmer gefunden! Die Innenwände bieten noch reichlich Platz, den originellen neuen Brauch zu pflegen.

Einer der drei Räume des Weinlokals befindet sich in einem ehemaligen Kuhstall, einer echten *Kuhkapelle* mit unverputzten Wänden unter dem charakteristischen, von Säulen getragenen Kreuzgewölbe. Auch die Gaststube nebenan prägt ein gemütlich-uriges Ambiente mit Sichtmauerwerk. Darüber liegt das Kaminzimmer im ausgebauten Dachgeschoss. An Sommertagen kann man zudem im hübschen Innenhof Platz nehmen.

Als Heribert Dapper und Ellen Preuss nach reiflicher Überlegung ihre Weinstube 2007 eröffneten, eroberten sie gastronomisches Neuland. Für sich selbst als Quereinsteiger ebenso wie für das denkmalgeschützte Gebäude aus dem Jahr 1859. Darin hatten die angehenden Gastronomen nicht nur den Milchviehstall vorgefunden, sondern nebenan eine einstige Backstube, von der heute eine Ofenklappe in der Wand zeugt. Bis zur Restaurierung waren die Räume von einem Elektroladen genutzt worden oder hatten im Leerstand auf eine glücklichere Verwendung gewartet.

Eine bodenständige Gastronomie war von Anfang an das Ziel, gepaart mit rheinhessischer Gastlichkeit vom Feinsten in familiärer Atmosphäre. Und vor allem mit genügend Muße für die Plauderei mit den Gästen in der »Weinstube der Herzen«.

Hier schlagen die Herzen der Weinfreunde höher: 45 offene Tropfen bester Qualität stehen zur Auswahl, darunter die Produkte rheinhessischer Winzer sowie Exoten, die auf ihre Entdeckung warten.

Lucas Christgen von den
Zornheimer Weinstuben
Röhrbrunnenplatz 1
55270 Zornheim
06136 45616

38 Leckerbissen für Fachwerkfans
Zornheimer Weinstuben

Nein, zornig geht es in diesem adretten Weinstädtchen sicherlich nicht zu. Wie bei den meisten der beeindruckend zahlreichen auf »-heim« endenden Gemeinden Rheinhessens stand vermutlich der Gründer oder ein Bewohner Pate für die ursprüngliche Ortsbezeichnung. Sein Name könnte »Zaro« gewesen sein, und dessen Anwesen entwickelte sich im Lauf der Jahrhunderte über »Zareganheim«, »Tzarenheim«, »Zarahim« und »Zarenheim« zum heutigen »Zornheim«.

Eine hervorragende Wahl trafen Zaro und jene, die sich lange vor ihm seit der Jungsteinzeit an diesem Ort niederließen, zweifellos: Das Städtchen unserer Zeit ist einer der höchst gelegenen Winzerorte Rheinhessens und bietet freie Sicht über das von Reben bewachsene Hügelland. Bis heute wird in der Gemeinde, in der um die 4.000 Menschen leben, Weinbau betrieben – gegenwärtig auf acht Gütern. Wer die heimischen Tropfen probieren möchte, besucht eines davon – oder kehrt in die *Zornheimer Weinstuben* ein, die eine stattliche Auswahl der Erzeugnisse aller ortsansässigen Winzer anbieten. Neben insgesamt 130 Weinen aus aller Welt stammt die Kollektion deutscher Sorten ausschließlich aus der Region.

In dem zünftigen rheinhessischen Gasthaus – leicht zu finden inmitten des historischen Ortskerns neben der katholischen Kirche – kommen Genießer klassischer rheinhessischer Gerichte ebenso auf ihre Kosten wie Gäste, die sich für Fachwerk, Holz und Stein begeistern. Das ehemalige Küsterhaus aus dem 17. Jahrhundert wurde stilvoll instand gesetzt. Wesentlich älter ist der Gewölbekeller darunter. Gespeist wird auf vier urgemütlichen Etagen. Als gebürtiger Rheinhesse, der sich beruflich im Ausland umgeschaut hat, weiß Küchenmeister Lucas Christgen gutbürgerliche regionale Gerichte mit mediterranem Einschlag geschmackvoll zu verfeinern.

Am Parkplatz *Am Lindenplatz* beginnt und endet die *Hiwweltour Zornheimer Berg*, die auf 6,8 Kilometern durch die Weinberge bis hinauf auf den Hasenberg und Selzberg führt.

Harxheimer Weinhöfefest
(August)
Untergasse
55296 Harxheim

Information:
Heimat- und Verkehrsverein Harxheim
Untergasse 33
55296 Harxheim
06138 7871

39 Schöne Künste im Kerzenschimmer
Harxheimer Weinhöfefest

Lieber stimmungsvoll als turbulent, so könnte man das *Harxheimer Weinhöfefest* beschreiben, das jährlich am letzten vollzähligen Augustwochenende von Freitag bis Montag gefeiert wird. Was zur außergewöhnlichen Atmosphäre beiträgt?

Da ist zum einen die romantisch ausgeleuchtete Festmeile, die von Lichterketten und flackernden Kerzen gesäumt ist und den Besuchern den Weg in die Höfe der Weingüter weist. Bei den Winzern wird zum anderen das Beste aus Küche und Keller aufgetragen. Auf etwa 75 Hektar wachsen die Trauben der Harxheimer Winzer heran – und dies zu etwa 80 Prozent auf sonnenverwöhnten Südhanglagen. Gute Voraussetzungen demnach für bewährte weiße Rebsorten wie Silvaner, Müller-Thurgau, Riesling und Chardonnay. Aber auch rote Trauben wie Portugieser, Spätburgunder und Dornfelder gedeihen hervorragend. Was könnte sich also besser zur ausgiebigen Verkostung anbieten als die vier Tage im August, an denen im gesamten Ort Festtagsstimmung herrscht? Dann ist es auch höchste Zeit für die Krönung der neuen Harxheimer Weinprinzessin! Der beliebte feierliche Akt sowie ein Höhenfeuerwerk geben am Freitagabend den Auftakt zum *Weinhöfefest*.

Zu den kulinarischen Spezialitäten gesellt sich Ausgewähltes fürs Auge: Künstlerinnen und Künstler sind eingeladen, in den Weinhöfen ihre Werke zu präsentieren. Und die Ohren? Kommen in der Nähe der Musikbühne bei Livemusik auf ihre Kosten. Bevor das Fest am Montagabend endet, werden die Nachtschwärmer von den Gütern abgeholt. Fackelträger und Musikanten begleiten die letzte Runde. Die Weinbaugemeinde Harxheim darf durchaus mit Stolz auf ihr traditionelles Fest blicken. Im Jahr 2019 jährte es sich zum 40. Mal. Ein Jubiläum, dem sicherlich viele weitere folgen werden.

Der Schlossbergturm bietet einen hübschen Rundumblick. Der 1999 errichtete Aussichtspunkt liegt ein Stück nördlich von Harxheim in den Weinbergen.

Weinfest im fröhlichen Weinberg
(Juli)
Eröffnungsweinprobe:
Alte Mistkaut
55299 Nackenheim

Rathaus Nackenheim
Carl-Zuckmayer-Platz 1
55299 Nackenheim
06135 5625

40 Wie wär's jetzt mit dem Weinpröbche?
Weinfest im fröhlichen Weinberg

Nackenheim ist bis heute eng verbunden mit Carl Zuckmayer (1896–1977), dem berühmtesten Sohn der Stadt am Rhein, der in *Der fröhliche Weinberg* das rheinhessische Lebensgefühl satirisch in Worte fasste. In den 1920er-Jahren zählte das Lustspiel zu den meistgespielten Theaterstücken. Nicht unbedingt zur ungetrübten Freude der Nackenheimer Bürgerinnen und Bürger, die sich in den derben Szenen ungern wiedererkennen wollten. Doch längst haben sie dem Dichter verziehen und schmückten die Rathausfassade mit seiner Büste.

Auch das *Weinfest im fröhlichen Weinberg*, das alljährlich im Juli gefeiert wird, erinnert an den gebürtigen Nackenheimer. Dass zur Eröffnungsverkostung in die *Alte Mistkaut* eingeladen wird, könnte bei Ortsunkundigen die Frage aufwerfen, was darunter zu verstehen ist. Dies sei an dieser Stelle kurz erklärt: Nicht immer, aber durchaus zu gewissen Zeiten hatten die Anwohner in der Grube tatsächlich den Dung aus den Ställen abgeladen. Ursprünglich wurde an diesem Ort Felskies abgebaut, um damit den Boden in den Weinbergen zu verbessern. Um 1930 ließ die Staatliche Weinbaudomäne die *Alte Mistkaut* zu einem abgeschossenen Hof umbauen, der lange Zeit als Lagerstätte diente. Der Name blieb, der Verwendungszweck wandelte sich grundlegend. Mittlerweile finden sich Wanderer, die der Rheinterrassenweg oder ein Rundweg vorbeiführt, zum Rasten ein.

Zum Weinfest verwandelt sich die *Alte Mistkaut* zum angesagten Treffpunkt. Ein Höhenfeuerwerk über dem Ort läutet die feierlichen Tage am Freitagabend ein. Über das Wochenende, wenn auf den Bühnen Livemusik erklingt und die Winzer ihre Höfe öffnen, füllt sich zudem die Nackenheimer Innenstadt mit Besuchern von nah und fern. Ein fröhliches Treiben, das sicherlich auch dem großen Sohn der Stadt gefallen hätte.

Das Ortsmuseum weist unter anderem eine Dauerausstellung mit Stationen aus dem Werk und Leben Carl Zuckmayers und seiner Familie auf. Das Museum befindet sich im Rathaus am Carl-Zuckmayer-Platz.

Weinpräsentation am Roten Hang
(Juni)
Roter Hang
Startpunkt Fußweg:
Niersteiner Marktplatz
55283 Nierstein

Tourist-Information Nierstein
Bildstockstraße 10
55283 Nierstein
06133 960506

41 Rote Erde, grüne Rebe, blauer Strom
Weinpräsentation am Roten Hang

Anheimelnd schmiegt sich Nierstein ans Rheinufer, während sich hinter dem Städtchen die Rebenlandschaft erhebt. Mitten im Grün liegt die Pfarrkirche St. Kilian und ihr zu Füßen eine der ältesten namentlich bekannten Weinlagen Deutschlands: die *Niersteiner Glöck!* Das Alter belegt eine Schenkungsurkunde aus dem Jahr 742, als der fränkische Hausmeier Karlmann, ein Verwalter des Hofes und der älteste Sohn Karl Martells, die damalige Marienkirche mitsamt den dazugehörigen Weinbergen dem Bistum Würzburg überschrieb. Die Bezeichnung »Glöck« legt nahe, wie eng das Kirchengebäude und das Anbaugebiet einander verbunden waren. Mittelalterliche Mönche errichteten die Mauern, hinter denen die Trauben seitdem vor kalten Winden geschützt gedeihen können.

Im Rücken der Kilianskirche führt ein Spaziergang hinauf zum berühmten Roten Hang, der aus im wahrsten Sinn des Wortes gutem Grund zu den hervorragendsten Weinlagen zählt. Die Reben wachsen auf rötlichen Ton- und Sandsteinböden, einem speziellen Terroir, dem die außergewöhnliche Qualität zu verdanken ist. Die Rebstöcke nehmen die Mineralstoffe auf und geben sie an die Trauben weiter. Weiteren Einfluss haben die erhebliche Neigung in Richtung Süd bis Süd-Ost sowie die Nähe des Rheins, der die Sonnenstrahlen reflektiert. Der rote Boden wirkt wie ein Wärmespeicher. Vor allem Riesling gedeiht hervorragend. Das Resultat sind Produkte von internationalem Ruf!

Im Juni lockt es Weinliebhaber in Scharen hinauf zum Roten Hang. Im Wind flatternde Fahnen weisen den Weg zu den Zelten, in denen etwa 30 einheimische Winzer zu exklusiven Verkostungen einladen. Ein Weinfest »zwischen Himmel und Rhein«, wie die Veranstalter nicht zu Unrecht versprechen. Inklusive einmaliger Ausblicke auf den glitzernden Fluss im Rebenland.

Ein Abschnitt des *Rheinterrassenwegs* (auf 64 Kilometern zwischen Mainz und Worms) führt Wanderer entlang des Roten Hangs und durch Nierstein hindurch.

Nierstein

Weingut Gustav Strub
Rheinstraße 36
55283 Nierstein
06133 59684

Golfanlage Domtal Mommenheim
Am Golfplatz 1
55278 Mommenheim
06138 92020

42 Vom Heilwasser zum Spitzenwein
Straußwirtschaft Gustav Strub

Was mag den Liebhaber süffiger Tropfen in einer Stadt erwarten, die sich souverän mit dem Beinamen »Riesling-City« schmückt? Garantiert eine Vielzahl an Aktivitäten rund um das Lieblingsgetränk. Darunter die Wahl der Weinkönigin, die *Offenen Winzerhöfe* und bedeutsame Ereignisse wie das *Niersteiner Winzerfest*, das an die 20.000 Besucher in die größte Weinbau betreibende Gemeinde am Rhein zieht.

Ein Rundgang vermittelt einen Eindruck, wie viele Winzer in Nierstein beheimatet sind. Stolze 51 Betriebe listet die Website der Stadt unter dem Stichwort »Weingüter« auf. Bei rund 8.500 Einwohnern wohlgemerkt! Wer nach dem Bummel auf einen Schoppen einkehren möchte, muss sich der Qual der Wahl stellen. Ein gutes Dutzend der einheimischen Winzer führen eine Gutsschänke oder Straußwirtschaft, die wie gängig maximal für vier Monate im Jahr betrieben wird. Zu den ältesten Weinbaubetrieben gehört die *Straußwirtschaft Gustav Strub*, die von Thomas und Susanne Strub geleitet wird und den Namen des Großvaters des heutigen Gastgebers trägt. Der Vorfahre war von 1945 bis 1965 Bürgermeister in Nierstein. Die kleine und typisch rheinhessische Wirtschaft befindet sich seit 1986 im ehemaligen Schulhaus. Angeboten werden beliebte regionale Gerichte wie Spundekäs', Handkäs' und Pellkartoffel mit Hausmacher-Wurst.

Trotz aller Weinlastigkeit des lauschigen Ortes sollte eins nicht unerwähnt bleiben: Ihren Ursprung verdankt die Stadt dem Wasser! Funde lassen den Schluss zu, dass bereits die Römer die Heilwirkung einer Schwefelquelle zu nutzen wussten. Weitere Spuren weisen auf keltische und frühgermanische Ansiedlungen hin. In späteren Jahrhunderten verlor das Heilwasser an Bedeutung, bis es 1802 wiederentdeckt wurde. Im historischen *Sironabad* fließen zwei Schwefel- und zwei Süßwasserquellen zusammen.

Für Sportliche: Nierstein ist ein beliebter Ausgangspunkt für Wanderungen, Rad- und Nordic-Walking-Touren. Oder lieber Golfen? Das bietet die nahe gelegene 18-Loch-Golfanlage *Domtal Mommenheim*.

Nierstein

Völker Restaurant
Krämerstraße 7
55276 Oppenheim
06133 2269

Tourist-Information Oppenheim
Merianstraße 2a
55276 Oppenheim
06133 490919

43 Miss Sophie in der Unterwelt
Völker Restaurant

Ein unvergänglicher Dauerbrenner: der Theatersketch *Dinner for One*. Jedes Jahr aufs Neue zu Silvester im Fernsehen – und ebenso im *Völker Restaurant*. Mit dem feinen Unterschied, dass der trinkfeste Butler Jakob seiner Miss Sophie das Festmahl zum 90. Geburtstag »uff Rhoihessisch« serviert. Seit 2003 wird die lokale Fassung des humorvollen Schauspiels in Oppenheim auf die Bühne gebracht. Bei mehr als 1.000 ausverkauften Vorstellungen ein fulminanter Erfolg! Kombinieren lässt sich das Spektakel mit einem Sektempfang und einem Drei-Gänge-Menü. Ein Abstecher ins Labyrinth unter dem Lokal rundet den unterhaltsamen Abend ab.

Bereits zu Zeiten des Dreißigjährigen Kriegs zog sich durch Oppenheims Untergrund ein komplexes Tunnelsystem. Der weiche Lössboden, auf dem die Stadt gebaut ist, erleichterte es den Bergleuten, Gänge und Lagerräume unterirdisch anzulegen. Über die Jahrhunderte gerieten die Keller in Vergessenheit, bis sie erst gegen Ende des 20. Jahrhunderts wieder ins Bewusstsein der Bevölkerung gelangten. Aus einem unübersehbaren Grund übrigens, weil an verschiedenen Stellen die Straßendecke einbrach. Aufwendig restauriert, mauserte sich das Oppenheimer Kellerlabyrinth zu einem regionalen Kulturgut.

Das *Völker Restaurant* ruht auf den Fundamenten eines mittelalterlichen Wohnturms. Das Tonnengewölbe eines auffällig geräumigen Kellerraums lieferte die Idee zum Theaterabend. Irgendwie müsste dieser tolle Ort doch zu nutzen sein, hatten Ute und Josef Völker überlegt und vorsichtig zu ersten kleinen Veranstaltungen eingeladen. Nachdem die Premiere von *Dinner for One* geglückt war, wollte das Publikum unbedingt mehr davon. Auch ohne Aufführung lohnt sich ein Besuch im Altstadtrestaurant. Ob zum 90. Geburtstag oder einfach nur für einen entspannten Abend.

Auf zwei Rundwegen lassen sich die Oppenheimer Keller erkunden – allerdings nur mit ortskundiger Begleitung. Karten für die Führungen vergibt die Oppenheimer Tourist-Information (bitte telefonisch reservieren).

**Wein-Restaurant Rathofkapelle
mit Straußwirtschaft**
Rathofstraße 21
55276 Oppenheim
06133 2001

**Deutsches
Weinbaumuseum**
Wormser Straße 49
55276 Oppenheim
06133 2544

44 Brückenschlag in den Rheingau
Wein-Restaurant Rathofkapelle mit Straußwirtschaft

Zu urgemütlichen Wirtshausstuben umgewandelte Kuhkapellen begegnen uns in Rheinhessen vielerorts. Das *Wein-Restaurant Rathofkapelle* dagegen ist kein ehemaliger Viehstall. In Oppenheim steht ein echter Sakralbau von kulturgeschichtlicher Bedeutung. Dass man darin dennoch zum Essen und Trinken zusammenkommt, hat er allerdings mit den umfunktionierten rheinhessischen Stallgewölben gemein.

Das *Weingut Dr. Dahlem* betreibt in der kleinen Barockkirche eine Straußwirtschaft. Seit 1702 ist die Winzerfamilie in Oppenheim ansässig. Axel und Frank Dahlem führen den Familienbetrieb mittlerweile in der zehnten Generation. Deutlich weiter zurück reicht der Ursprung der Rathofkapelle. Ihre Geschichte beginnt im 13. Jahrhundert und führt uns auf die andere Rheinseite in ein weiteres bedeutendes Weinbaugebiet, den Rheingau. Dort wurde im Jahr 1136 das berühmte Kloster Eberbach von Zisterziensermönchen auf Initiative des Mainzer Erzbischofs gegründet. Auch in Oppenheim hatte die Abtei bereits damals Besitztümer: Der *Eberbachsche Klosterhof* befand sich auf dem Grund des heutigen *Weinguts Dr. Dahlem*. Bis heute erhalten blieb von dem Gebäudekomplex die Kapelle im Rathof.

Mittlerweile werden in der Rathofkapelle, die während ihrer jahrhundertelangen Existenz zwischenzeitlich als Synagoge genutzt wurde, ausgesuchte Weine ausgeschenkt. Von kräftigem Roten wie Spätburgunder, Merlot, Dornfelder und Regent bis zu den weißen Rebsorten Riesling und Sauvignon Blanc reicht die Spanne des Angebots. Roséweine und Cuvées ergänzen das Sortiment. Außerdem richtet das *Weingut Dr. Dahlem* regelmäßig Veranstaltungen wie Livekonzerte, Liederabende und Autorenlesungen aus. Ach, und wer länger bleiben will: Die Hausherren stellen zudem eine Ferienwohnung in unmittelbarer Nachbarschaft der Rathofkapelle bereit.

Wer sich über Geschichte und Kultur des Weinbaus informieren möchte, findet Wissenswertes und vielerlei Exponate im Deutschen Weinbaumuseum.

Weingut Historic mit Straußwirtschaft
Zöllerstraße 6
55278 Dexheim
06133 5099050

45 Schwelgen wie die alten Römer
Weingut Historic mit Straußwirtschaft

Lukanische Bratwürste, *Assaturam, Merotum* und womöglich *Pepones et Melones*? Was uns zu Recht lateinisch vorkommt, sind die Gänge eines römischen Gastmahls – zubereitet nach antiken Rezepten und in der historischen Kuhkapelle in Dexheim aufgetragen. Angereichert mit Kräutern, Honig und Wildbeeren vermitteln uns die antiken Gerichte der Straußwirtschaft im *Weingut Historic*, wie hervorragend man in frühesten Zeiten zu speisen wusste.

Die Römer haben in Rheinhessen ihre Spuren hinterlassen und unter anderem die Weinkultur etabliert. Auf dem Anwesen *Historic* ist diese Vergangenheit allgegenwärtig. Als Winzermeister lebt und arbeitet Gerhard Blödel vor allem für den Weinbau. Zwei andere Leidenschaften gehören der Archäologie und Geschichte, die er seinen Gästen ebenfalls ans Herz legen möchte. Das Gut *Historic* – seit mehreren Generationen im Familienbesitz – ist zudem aufgrund der eignen Historie Anziehungspunkt für geschichtsbegeisterte Weinfreunde im Alter von 18 bis 80 Jahren.

Ursprünglich Eigentum eines Kartäuserklosters, wurde das Anwesen im Dreißigjährigen Krieg zerstört und später von Schweizer Mennoniten besiedelt, die ihre Heimat wegen ihres Glaubens hatten verlassen müssen. Dem Streben der Mennoniten, große Gehöfte zur Selbstversorgung anzulegen, verdankt das *Weingut Historic* heute seinen weitläufigen Garten. Die naturbelassene Anlage lässt die Gäste der Straußwirtschaft umgehend vergessen, dass sie sich mitten im Ort befinden. Über die Generationen erhalten geblieben sind die Weinkeller mit Kreuzgewölbe sowie der frühere Viehstall. Die Kuhkapelle beherbergt neben der Straußwirtschaft eine umfangreiche Sammlung römischer Exponate zur damaligen Wein- und Esskultur. Die gutseigenen Erzeugnisse werden in der Vinothek angeboten.

Römische Speisen gehören, neben einer Auswahl regionaler Gerichte, zum festen Angebot der Straußwirtschaft. Auch für Sammler antiker Trinkgläser ist das *Weingut Historic* eine renommierte Adresse.

Dexheim

Nora Breyer leitet den Service im
Kaupers Kapellenhof
Kapellenstraße 18a
Anfahrt über die
Kirschgartenstraße
55278 Selzen
06737 8325

46 Sternenklar und unverfälscht
Sternerestaurant *Kaupers Kapellenhof*

Wenn die Möhre schmeckt, wie eine Möhre schmecken sollte, und der Sellerie nach Sellerie duftet, werden Kindheitserinnerungen wach. Geschmackserlebnisse vergisst man nicht. Oft sind sie im Gedächtnis lediglich verschüttet. Ihre Gäste diese Sinneseindrücke (wieder) erleben zu lassen, ist eines der Anliegen von Nora Breyer und Sebastian Kauper in *Kaupers Kapellenhof*, dem – wie sie es selbst nennen – »verrückten Sternerestaurant im rheinhessischen Hinterland«.

Als besonderer Leckerbissen wird das Gemüse – ungespritzt und frisch im *Kapellenhof*-Garten geerntet – auch mal im Ganzen gegart oder gegrillt. Das Gemüse als Star! Nicht Raffinesse und ein Strauß an Attraktionen auf dem Teller sollen den Gast für sich einnehmen. Hier zählt das unverfälschte Aroma eines sorgfältig und auf ursprüngliche Weise angebauten Lebensmittels. Im Garten ziehen Nora Breyer und Sebastian Kauper unter anderem selten gewordene Gemüsesorten heran.

Bei derart viel Augenmerk auf Qualität ist es keine Frage, dass der Küchenchef beim Fleisch penibel auf die Herkunft und eine artgerechte Aufzucht der Tiere achtet. Beide sind vom Fach: Sebastian Kauper steht als gelernter Koch am Herd, und Nora Breyer, ebenfalls gelernte Köchin und Sommelière, verwirklicht im Service ihre Berufung zur Gastgeberin. Für die gebürtige Rheinhessin und Winzertochter ist der rheinhessische Wein eine Herzensangelegenheit.

Das Gebäude bildet den stimmungsvollen Rahmen für genussvolles Speisen. Von Steifheit keine Spur im behaglichen Dachgeschoss des 300 Jahre alten Fachwerkhauses. Bei fünf Tischen bleibt die Zahl der Gäste angenehm überschaubar. An den Sommertagen lockt die Dachterrasse ins Freie und gibt den Blick frei über die Dächer der Stadt, des Weinortes an der Selz, der schon zu römischen und fränkischen Zeiten besiedelt war.

Die Anfahrt zu *Kaupers Kapellenhof* führt über die Kirschgartenstraße und weiter über eine Grundstückszufahrt. Bitte den Schildern folgen.

Selzen

Kleiner Prinz
Bergstraße 27d
55278 Selzen
06737 710535

47 Domizil geadelter Edelbrände
Feinkostladenlokal *Kleiner Prinz*

Man könnte es vermuten anhand des königlichen Anblicks wertvoller Flaschen. Dennoch beruft sich dieser *Kleine Prinz* nicht auf die berühmte literarische Figur des französischen Dichters Antoine de Saint-Exupéry. Wie Marion Steinbrecher auf den Namen ihres Ladenlokals gekommen ist, erschließt sich beim aufmerksamen Stöbern im Sortiment. In den Regalen reihen sich die hochprozentigen Spezialitäten eines einzigen Lieferanten aneinander: der *Fein-Brennerei Prinz* aus Hörbranz im Vorarlberg.

Alles, was im *Kleinen Prinzen* an Schnäpsen, Obstbränden und Likören erhältlich ist, stammt entweder direkt aus der österreichischen Brennerei oder wird mit deren Produkten verfeinert. Dazu gehört neben alkoholhaltigen Pralinen auch Kuchen, der speziell für den *Kleinen Prinzen* mit Marillen-Brand oder Williams-Christ abgeschmeckt und in der Dose gebacken wird. Ein tatsächlich einmaliges Angebot!

Die ausgezeichnete Qualität der doppelt und nach hauseigenen Verfahren gebrannten Destillate des »großen« Prinzen, eines Familienbetriebs in vierter Generation, brachte Marion Steinbrecher im Jahr 2007 auf die Idee, darauf aufbauend ein eigenes Geschäft zu eröffnen. Auslöser war das Geburtstagsgeschenk eines Freundes aus Thüringen, der eine Flasche *Prinz*-Schnaps überreicht und damit den Geschmack der Gastgeber auf den Punkt getroffen hatte. Mit dem wachsenden Sortiment vergrößerte sich ebenfalls Schritt für Schritt der Ladenraum, der etwas verborgen am Ende einer Wohnstraße liegt. Viele Stammkundinnen und -kunden betreten regelmäßig das Geschäft. Hinzu kommt neue Kundschaft, die oftmals bei einem Restaurantbesuch auf den *Prinz*-Schnaps gestoßen ist. Alte wie neue Freunde der hochwertigen Spirituosen schätzen die Gelegenheit, die Spezialitäten aus Österreich vor der eigenen Haustür kaufen zu können.

Für Unentschlossene oder als originelles Geschenk: In der Stapelflasche kann man drei oder vier Spirituosen auf einmal mitnehmen.

Selzen

48 Genussbrote aus dem Feuerofen
Holzofenbäckerei Förster

Allerorts sterben die Backstuben! Tatsächlich überall? Nicht in Hahnheim! Im soliden Klinkerbau des ehemaligen Bahnhofsgebäudes stemmt sich eine kleine Holzofenbäckerei unverzagt gegen den Trend der Zeit. »Gefühlsbäckerei«, nennt Oliver Förster sein Handwerk.

Er braucht keine hochgerüstete Ausstattung, ihm genügt der geschulte Blick auf die züngelnden Flammen, um den richtigen Moment zu erkennen. Sobald sich die glühenden Scheite zu einem matten Weiß verfärben, füllt der Meister der Brote den Ofen mit Laiben aus frischem Natursauerteig, der zuvor über mehrere Tage aufgehen durfte. Doch das Backen wie in alten Zeiten ist nicht der Nostalgie geschuldet. Hier stimmt die Qualität. Genuss statt Massenware. Die Brote schmecken, wie Brote schmecken sollten. Die Wissenschaft vermutet, die gute Verträglichkeit von Backwaren sei bei Weitem nicht nur vom verwendeten Getreide abhängig. In der Art der Zubereitung und der Länge der Ruhezeit des Teiges könnte ebenso der Schlüssel für die Bekömmlichkeit liegen. Was offenkundig für die Hahnheimer Erzeugnisse zutrifft!

Die Qualität der *Holzofenbäckerei Förster* hat sich herumgesprochen, und so verwundert es nicht, dass die Kundschaft auch weitere Wege in das Dorf am Flüsschen Selz auf sich nimmt. Züge halten am Bahnhofsgebäude allerdings seit Langem nicht mehr. Die damals knapp 100 Jahre alte Station wurde in den 1990er-Jahren stillgelegt.

Was sein Handwerk betrifft, folgt Oliver Förster der Tradition, hinsichtlich der Öffnungszeiten geht er jedoch seinen eigenen Weg. Die Bäckerei öffnet samstags nur bis mittags und macht über die Woche erst am späteren Nachmittag auf. Dann allerdings stehen die Kunden Schlange für das Brot mit dem urwüchsigen Geschmack. Für ein krosses Abendbrot lohnt sich die Wartezeit allemal.

Der *Hahnheimer Bruch* zwischen Hahnheim und Sörgenloch ist ein Biotop seltener Vogelarten. Der *Selztalradweg* führt entlang des Naturschutzgebiets auf der Strecke zwischen Alzey und Ingelheim.

49 Kochkunst trifft Gastfreundschaft
mundart-Restaurant

Das eigene Restaurant! Was für ein verlockendes Ziel, wenn man wie Markus und Beatrix Hebestreit – er als Koch, sie als Fachfrau im Service – nach Aus- und Fortbildungen bis hin zur Meisterprüfung in verschiedenen deutschen Häusern gearbeitet hat. Beide hatten in der Schweiz reichlich Berufserfahrungen gesammelt und sich Ende der 1980er-Jahre im Schwarzwald als Paar gefunden. 2011 war es dann so weit. Im historischen Zentrum von Nieder-Saulheim fanden sie den richtigen Ort für den Schritt in die Selbständigkeit: ein 300 Jahre altes Haus von einladender Behaglichkeit, das zuvor bereits eine überregional bekannte Gastronomie von gutem Ruf beherbergt hatte.

Für Beatrix Hebestreit, gebürtige Rheinhessin, war es eine Rückkehr in vertraute Gefilde. Ihr Mann stammt aus dem Schwarzwald. Im *mundart-Restaurant* kocht Markus Hebestreit allerdings nach bester rheinhessischer Art mit ausgesuchten regionalen Zutaten, frischen Kräutern sowie Elementen der mediterranen und französischen Küche. Die Vegetarier unter den Feinschmeckern dürfen sich an fleischlosen Hauptgängen erfreuen, deren Qualität den anderen Gerichten in nichts nachsteht. Namhafte rheinhessische Winzer liefern die hervorragende Weinbegleitung.

Die Tische stehen im freundlich-frisch wirkenden Gastraum. Über die Sommermonate wird auch im begrünten Innenhof aufgetragen. Was sich der Gast zur Krönung des Menüs keinesfalls entgehen lassen sollte? Das Dessert! Denn Markus Hebestreit ist nicht nur ein versierter Koch. Seine Erfahrungen als ehemaliger Chefpatissier im Baiersbronner *Restaurant Bareiss* verleihen ihm ein glückliches Händchen für Nachspeisen aller Art. Was insofern nicht verwundert, weil er, aufgewachsen im Café der Eltern, schon als Zehnjähriger seine Begeisterung für das Eismachen entdeckt hatte.

Der Lange Stein, ein Menhir oder rheinhessischer Hinkelstein, gibt immer noch Rätsel auf. Er steht südöstlich von Ober-Saulheim frei in der Landschaft.

50 Geschichte auf dem Gaumen
Restaurant Böhm's Weingewölbe

Auch wenn man an unterirdische Kellerräume denken könnte: *Böhm's Weingewölbe* empfängt den Gast ebenerdig und in mit mediterraner Leichtigkeit ausgestatteten Räumlichkeiten. Freilich existiert ein Kreuzgewölbe, das sich hell und offen über die Tische spannt.

Die Verbindung von südländischem Zeitgeist und rheinhessischer Winzertradition findet ebenfalls in der Küche Ausdruck. Die Speisekarte des Restaurants wartet mit gehobenen saisonalen Gerichten auf, deren ausgezeichneter Ruf Besucher von weither nach Wörrstadt führt. Will man entspannt genießen und den hauseigenen Erzeugnissen des Weinguts Böhm ungetrübt zusprechen, bieten sich Gästezimmer zur Übernachtung an. So steht dem ausgeruhten Nachhauseweg am folgenden Tag nichts im Weg.

Wer wie die Winzerfamilie Böhm seit 1887 im Weinberg zu Hause ist, hat sich über die Generationen hinweg ein profundes Wissen rund um die Rebe erworben. Auf etwa 30 Hektar des Guts werden verschiedene Rot- und Weißtrauben angebaut und im eigenen Keller zu rheinhessischen Weinen weiterverarbeitet. Sortenreine Traubensäfte erlauben es zudem, ihren speziellen Geschmack frei von Alkohol zu entdecken. Historische Weine sind für Winzermeister Stefan Böhm eine Herzensangelegenheit. Ausgestorben geglaubte Rebsorten wie der *Grüne Adelfränkisch*, *Weißer Räuschling* und *Roter Veltiner* hält das Restaurant als außergewöhnliche Rarität für seine Gäste bereit. Bis zu 5.000 Jahre Weingeschichte im Glas sozusagen!

Dass zum Anwesen außerdem eine Destillerie gehört, komplettiert das Angebot alles Genüsslichen, was aus Trauben geschaffen werden kann. Das Sortiment des Weinguts steht in der Vinothek bereit. Für Wein- und Schnapsproben lädt die Winzerfamilie Böhm in die Weinlounge ein.

Die *Kulinarische Weinprobe* verbindet die Verkostung von acht Rebsorten mit einem Vier-Gang-Menü. Dazu erhält man spannende Informationen rund um die Reben.

Wörrstadt

Weingut Janson mit Straußwirtschaft
Hauptstraße 7
55578 Vendersheim
06732 8771

51 »La vie est Rosé!«
Weingut Janson mit Straußwirtschaft

Wie erhaben rheinhessische »Hiwwel« tatsächlich sein können, erweist sich im Winzerörtchen Vendersheim, von dessen neuem Weinbergsturm sich die Hügel voller Rebstöcke ausgiebig betrachten und an klaren Tagen sogar die Frankfurter Skyline erspähen lässt. Mit Fantasie lässt sich das Urmeer erahnen, das einst diese Landschaft geformt hat und auf dessen typischen Kalkmergel- und Muschelkalkböden in unserer Zeit Weiß- und Rotweinreben wachsen.

Erleben lassen sich Wein und Natur bei einer Planwagenfahrt des Weinguts Janson. Wer während der Verkostung Appetit auf mehr rheinhessische Spezialitäten bekommt, kehrt anschließend in die gutseigene Straußwirtschaft ein und könnte sogar über Nacht oder für einige Urlaubstage bleiben. Familie Janson bietet Gästezimmer und eine Ferienwohnung an.

Mitten in Vendersheim gelegen, ist die Kellerei ein vielseitiger Familienbetrieb, dessen Ursprung auf Daniel Janson zurückreicht, der 1790 die ersten Weinberge erwarb. 1974 heirateten Jutta und Wolfgang Janson. Nachdem ihr Sohn Oliver 1995 die Ausbildung zum Winzer begonnen hatte, wurde die Rebfläche gezielt auf mittlerweile 20 Hektar erweitert. Die Straußwirtschaft, in der sie persönlich mit viel Liebe zum Rheinhessischen kocht, hatte Jutta Janson bereits fünf Jahre zuvor eröffnet. Seit dieser Zeit besteht auch das Gästehaus – damals zu Beginn der 1990er-Jahre ein mutiger Schritt, der sich als zukunftsweisend und goldrichtig für Rheinhessen als Urlaubsregion erweisen sollte.

Heute liegt die Hauptverantwortung für das Gut in den Händen von Oliver Janson und seiner Frau Ursula. *La vie est Rosé* nennt sich einer ihrer Weine. Ein Vendersheimer Rosé, der – ob in der Straußwirtschaft der Jansons oder auf dem heimischen Balkon – feinsten Genuss auf rheinhessische Art verspricht.

Über den Sommer laden örtliche Winzer und Vereine einmal im Monat zu Essen und Wein an den *Vendersheimer Weinbergsturm* ein. Traumhafter Ausblick inklusive!

Gutsschänke Weingut Lutz Mohr
Palmgasse 7
55576 Sprendlingen
06701 3822

Tourist-Information Sprendlingen
Gertrudenstraße 11
55576 Sprendlingen
06/01 201777

52 In der rheinhessischen Toskana
Gutsschänke Lutz Mohr

Auf einem Spaziergang durch Sprendlingen schlendern wir durch südländisch-schmale historische Gassen. Ein sympathisches kleinstädtisches Flair, das der Ort unter anderem seinem respektablen Alter zu verdanken hat. 2017 feierte Sprendlingen sein 1.250-jähriges Bestehen. Gut 4.000 Menschen leben in den ursprünglichen und neuen, stets von Weinbergen umrahmten Wohngebieten. Gemeinschaftssinn symbolisiert der Sprendlinger Winzersekt, zu dessen Herstellung sich ein Erzeugerverbund mit eigener Kellerei zusammengefunden hat.

Im Ortskern zweigt an der Michaelskirche die Palmgasse ab, die uns zum *Weingut Lutz Mohr* leitet. Als Winzersohn mit dem Weinbau groß geworden, übernahm Lutz Mohr 1986 den elterlichen Betrieb und führt ihn gemeinsam mit seiner Frau Monica. Mit dem Motto »einfach, aber gut« beschreiben Gäste das Angebot der Gutsschänke im Innenhof. Beliebt sind unter anderem die Wildspezialitäten, doch auch internationale Aspekte nehmen Einfluss auf die regionale Küche. Dazu munden die gutseigenen Tropfen, die auf dem Wißberg heranreifen.

In langen Reihen ziehen sich die Rebstöcke über die Hänge der Kuppe, die auf 270 Höhenmeter ansteigt und als ausgezeichnete Weinlage gilt. Außerdem lädt der Wißberg zum Wandern und Erkunden ein. Einen duftenden Kräutergarten und Areale mit verschiedenen Rebsorten passiert man auf dem Erlebnispfad *Via Vinea*, der von örtlichen Winzern auf der Erhebung angelegt wurde. Ebenso finden Naturschutzgebiete ihren Platz zwischen den bewirtschafteten Zonen. Für Urlauber, die gern zu Fuß oder mit dem Rad unterwegs sind, bietet sich Sprendlingen als zentral gelegener Ausgangspunkt an. Wer lieber in Gesellschaft durch die rheinhessische Toskana streifen möchte, kann sich geführten Touren anschließen.

Jährlich an zwei Junitagen laden Sprendlinger Winzer zur *Genießernacht* in die Arena auf den Wißberg ein. Mithilfe der illuminierten Säulen ist das Ereignis nicht zu verfehlen.

Sprendlingen

53 Gastlichkeit in der »GudStubb«
Gutsschänke Morawiec

Das Keltern liegt Katrin Morawiec am Herzen. Mit noch mehr Hingabe aber sei sie, wie die junge gelernte Winzerin versichert, Gastgeberin in der *GudStubb*, der Gutsschänke im eigenen Weingut.

Das Kochen und Bewirten, überhaupt der Kontakt zu den Gästen, sei ihr eine Freude. Den Spaß an der Arbeit merkt man ihr an. Zu den Wandergruppen und Ausflüglern, die gern im Weingut Morawiec einkehren, gesellen sich zahlreiche Stammgäste. In der Küche wird Katrin Morawiec tatkräftig von ihrer Mutter Christa unterstützt. Vater Uwe Morawiec bewirtschaftet die Weinberge. In der *GudStubb* kümmert er sich um die Getränke.

Erfahrungen als Gastgeber erwarb sich die Familie Morawiec über eine Dekade mit jährlichen Hoffesten. Die gefielen Besuchern derart gut, dass sie die Winzer ermunterten, mehr daraus zu machen. So begann die Familie 2015, Bruchsteinmauern freizulegen und die alten Stallgebäude zu einer stilvollen Gaststube umzubauen.

Im Sommer blüht es prachtvoll im Innenhof, und im Winter sorgt der Kaminofen drinnen für rote Wangen. An den Wänden hängen Schwarz-Weiß-Fotos: alte Postkarten, von Katrins Bruder Oliver auf ein großflächiges Maß gebracht. Die Motive zeigen eine einheimische Besonderheit: Im Jahr 1911 eingeweiht, zuckelte eine elektrische Überlandstraßenbahn auf ihrem Weg von Bad Kreuznach nach St. Johann durch die Badenheimer Hauptstraße. 1953 wurde die *Elektrisch* stillgelegt, zu einer Zeit, als noch bäuerliche Landwirtschaft für das Auskommen der Familie sorgte.

Der Weinbau entwickelte sich ab 1976 mit der Anlage und Pacht neuer Weinberge. Mit der *GudStubb* gewann der Betrieb einen bedeutenden Schwerpunkt hinzu. Bewirtet werden die Gäste mit rheinhessischen Gerichten und hauseigenen Rebensäften.

Die *GudStubb* öffnet ganzjährig an mehreren Wochentagen.

Badenheim

Weingut Marco Pfennig
Wallertheimer Straße 19
55599 Gau-Bickelheim
06701 7428

54 Winzerschmaus aus Küche und Keller
Weingut Marco Pfennig

In Gau-Bickelheim gehört der Weinanbau seit Jahrhunderten zur Stadtkultur. Bereits im Jahr 1346 wurde einer der ersten Winzermärkte auf dem Gebiet des heutigen Rheinhessens abgehalten. Die Tradition wird im Weingut Pfennig hochgehalten. Winzermeister Marco Pfennig und seine Frau Melanie bewirtschaften das Familienanwesen gemeinsam mit den Eltern Hans-Paul und Marlene Pfennig in der dritten Generation. Die nächste wächst bereits heran.

Gau-Bickelheim liegt an der nördlichen Grenze der Rheinhessischen Schweiz und bietet – von der Sonne verwöhnt – beste Bedingungen für den Weinanbau. Zu den hervorragenden Lagen gehört die Region rund um den Wißberg. An seinem Südhang reifen auch die Trauben des Guts Pfennig heran. Ideale Voraussetzungen für die vielfach ausgezeichneten Produkte. Erfahrung und Perfektion, verbunden mit Mut zu Neuem, sind offenbar das Erfolgsrezept Marco Pfennigs, des »Winzers aus Leidenschaft«.

Rheinhessische Gastlichkeit nach Winzerart verspricht eine gemütliche Panwagenfahrt über den Wißberg. Touren mit anschließender Einkehr können im Weingut Pfennig gebucht werden. Während der Schlepper vorantuckert, genießen die Gäste die freie Sicht über die rheinhessischen »Hiwwel«. Bei der Rast unterwegs werden selbstverständlich die Gläser zur Verkostung gefüllt. Sportliche Genießer können sich zudem einer geführten Weinwanderung anschließen. Durch die Rebenlandschaft geht es hinauf zum Wißbergplateau. Abschließen lässt sich die Runde mit der Einkehr in *Weingut Marco Pfennig* zum Winzermenü. Und wer ein wenig ins Winzerleben hineinschnuppern möchte, kann Pate eines Weinstocks werden. Die persönliche Flasche schmeckt dann besonders gut.

Gemeinsam mit Freunden oder Kollegen die Weine des Familienweingut kosten und genießen? Winzermeister Marco bietet Winzerabende für Gruppen an.

**Gaststätte
Zur Junkermühle**
An der Junkermühle
55546 Neu-Bamberg
06703 1037

**Rheinhessen-Touristik
GmbH**
Kreuzhof 1
55268 Nieder-Olm
06136 923980

55 Einkehr zu Füßen der Burgruine
Gaststätte Zur Junkermühle

Schattige Bierbänke unter Weinreben? Oder schlichte Sitzplätze im rustikalen Gewölbekeller für die nass-kühlen oder hochsommerlich-heißen Tage? Die Einkehr in der *Junkermühle* gehört (fast) zum Pflichtprogramm jedes *Hiwweltour*-Wanderers und Radreisenden, der auf seinem Weg durch das beschauliche Neu-Bamberg kommt.

Funde weisen darauf hin, dass das Gebiet bereits zu frühgeschichtlicher und römischer Zeit bewohnt wurde. In der fränkischen Epoche befand sich an diesem Ort eine Siedlung mit dem Namen Sarlesheim. Die Gründung Neu-Bambergs geht auf das Geschlecht der Raugrafen zurück, die auf dem Areal einen Gutshof betrieben. Sichtbare Hinterlassenschaft ihrer Herrschaft ist die Ruine der Höhenburg Neuenbaumberg, die sich oberhalb der Gemeinde erhebt. Gegründet wurde die Festung um 1200, im Jahr 1668 zerstört, sodass nur die mittelalterlichen Mauerreste erhalten blieben. Einen markanten Blickfang nahe der Burgruine bildet die Silhouette der katholischen Kirche St. Dionysius. Im Ort selbst erinnert die Kandelpforte daran, dass die Neu-Bamberger im 14. Jahrhundert das Recht besaßen, ihr Städtchen durch Mauern und Gräben zu schützen.

Um einige Jahrhunderte jünger ist die *Junkermühle*. Eine hohe Steinwand schirmt das Anwesen ab. Wer historische Gemäuer liebt, sollte sich im Innenhof aufmerksam umsehen. Das Fachwerkhaus aus der Barockzeit steht ebenso unter Denkmalschutz wie das eingeschossige Wohngebäude von 1836 im spätklassizistischen Stil – ein geschichtsträchtiges Ensemble, das die Atmosphäre des Ausflugslokals prägt.

Seit 1980 lädt Familie Schloßstein zur entspannten Rast ein. Die Küche ist gut-bürgerlich mit – je nach Saison – frischen Forellen, Wildgerichten und einer Auswahl an Hausmacher-Wurstspezialitäten aus der hofeigenen Schlachtung. Auch der Wein kommt vom eigenen Gut.

Durch Neu-Bamberg führt die *Hiwweltour Eichelberg*. Die elf Kilometer lange Wanderung startet am alten Bahnhof zwischen Frei-Laubersheim und Neu-Bamberg. Informationen erteilt die *Rheinhessen-Touristik*.

Winzeralm
(Sommermonate)
Mühlweg
Startpunkt Wanderung:
Am Gänsborn
55599 Siefersheim
06703 960320

56 Schönste Weinsicht im »Hiwwelland«
Winzeralm

Die famose Idee kam dem Siefersheimer Winzer Jörg Zimmermann bei einem Urlaub in Tirol, wo er mit Freunden von Almhütte zu Almhütte wanderte. So schlicht die Angebote zur Einkehr unterwegs auch waren, jeder Gast schien damit zufrieden. Weniger kann oft mehr sein! Vor allem, wenn Natur und Landschaft die Hauptrollen spielen. Das weiß man nun ebenfalls in der Rheinhessischen Schweiz auf der *Winzeralm* zu schätzen. Aber Achtung, nur für sommersonnige Wochenenden gilt: »Wenn die Fahne schwenkt, wird ausgeschenkt!« Wer sichergehen möchte, schaut vor dem Aufbruch auf die Website.

Bei gutem Wetter lassen sich Taunus und Odenwald erspähen. Der Ausblick ist ein Grund, warum das Deutsche Weininstitut die Siefersheimer *Winzeralm* 2016 zur »Schönsten Weinsicht Rheinhessens« adelte. Panorama und Einkehr wollen erwandert sein. Zum Beispiel über das abwechslungsreiche Auf und Ab der *Hiwweltour Heideblick*. Auch das ist der Einfachheit geschuldet: Die Winzeralm erreicht man am besten zu Fuß von Siefersheim aus. Parkplätze muss man vor Ort ebenso suchen wie eine feste Hütte. Dafür gibt es umso mehr unbeeinträchtigte Natur.

Oben eingetroffen lockt die Belohnung: das unverfälschte Genießen der Erzeugnisse des Weinguts, das von Jörg Zimmermanns Neffen Fabian Zimmermann geführt wird. Dazu werden Snacks gereicht. Nicht-Alkoholisches ist ebenso erhältlich. Was Jörg Zimmermann stets mit Freude beobachtet: An Tischen und Bänken rücken die Einkehrenden ohne Umstände zusammen. Man erzählt vom Woher und Wohin, und so manche Wanderbekanntschaft wurde bei einem Schoppen genüsslich vertieft. Wer auf der Winzeralm auf den Geschmack gekommen ist, kann seinem Lieblingstropfen nach der Wanderung noch einmal im Ort begegnen. Zeitgleich zur Winzeralm öffnet Fabian Zimmermann das Weingut in Siefersheim.

Zur Winzeralm startet man am besten zu Fuß in Siefersheim vom Gemeindeparkplatz (Zufahrt über die Straße Am Gänsborn), dann der Beschilderung *Hiwweltour Heideblick* oder *Bänkelchesroute* folgen.

Siefersheim

57 Erdiger natürlicher Rebensaft
Weingut Seyberth mit Stube Kleines Rheinhessen

Kleines Rheinhessen heißt die Weinstube im Gut Seyberth, das auch unter dem Namen *Alte Schmiede* bekannt ist. Das stilvolle Lokal wird nicht als Straußwirtschaft betrieben und kann für Hochzeiten, Familienfeiern und weitere Events gemietet werden. Wer auf einen Sprung vorbeikommt, hat die Möglichkeit, gutseigene Tropfen zu kaufen. Das Besondere: Seit 2016 betreiben Andreas und Bernd Seyberth den Weinbau nach den Regeln der biodynamischen Landwirtschaft, um eine intensive Verbindung zwischen den Reben und dem Boden zu gewinnen.

Der biologische Anbau lag den Siefersheimer Winzern schon deutlich früher am Herzen. Ein Teil der Flächen, die von Hand bearbeitet werden, hatte zuvor brachgelegen. Dass es zwischen den Rebstöcken und alten Trockenmauern grünen und blühen darf, ist keine Frage. Die Vielfalt kommt nicht allein der Fauna zugute – die Winzer selbst profitieren davon: In der Insektenwelt stellt sich ein natürliches Gleichgewicht ein, das die Zahl der für den Weinbau schädlichen Kerbtiere gering hält. Geprägt von naturbelassenen Böden entstehen unverwechselbare Trauben, die zudem vegan weiterverarbeitet werden. Dazu gehören solche Rebensäfte, die möglichst ohne Zusätze und mit wenig Kellertechnik gekeltert werden. Dieser Naturwein, so heißt es, spiegelt das Wetter sowie das handwerkliche Können des Winzers wider. Ein wilder, erdiger Tropfen für Liebhaber.

Zurück ins *Kleine Rheinhessen*, zu dem – neben der Winzerstube – ein zauberhafter Innenhof und ein behagliches Weingewölbe gehören. Ein reizvoller Ort zum Feiern privater Feste. Wer mit seinen Gästen hinaus in die sommerliche Natur ziehen möchte, lässt das Büfett im *Lavendeleck* aufbauen. Von dort schweift der Blick über die blühende Lavendelhecke hinweg und weit hinein ins große Rheinhessen.

Siefersheim ist für Wein- wie für Wanderfreunde ein lohnendes Ziel. Von hier aus starten *Hiwweltouren* und Rundwanderwege. Informationen erteilt die *Rheinhessen-Touristik*.

Siefersheim

Feieroomend der Vino Generation
(Mai–Juli)
Ruine Beller Kirche
55599 Eckelsheim

Information:
Verbandsgemeindeverwaltung Wöllstein
St. Floriansweg 8
55599 Gau-Bickelheim
06703 3020

58 Abendschoppen in mystischer Kulisse
Veranstaltung *Feieroomend* des Vereins *Vino Generation*

Seit gut 200 Jahren stemmen sich die Wände der Beller Kirche trotzig gegen Wind und Wetter in der Rheinhessischen Schweiz. Gebaut um 1500 im spätgotischen Stil, verlor die Wallfahrtsstätte vermutlich nach der Reformationszeit an Bedeutung, als die Gläubigen zum Protestantismus übertraten, und wurde in den folgenden Jahrhunderten sich selbst überlassen. Ohne Dach blieben die Außenmauern der Kapelle standhaft und verschont vom Abbruch. Heute schätzen die Eckelsheimer die imposanten Reste der Beller Kirche als Wahrzeichen ihres Weindorfes, des kleinsten Mitglieds der Verbandsgemeinde Wöllstein.

Immer mehr Genießer und Freundinnen und Freunde des launigen Beisammenseins entdecken die Ruine in den Weinbergen bei der Veranstaltung *Feieroomend* der *Vino Generation* als einzigartigen Schauplatz. Hinter der entspannten Variante eines After-Work-Events steckt als gemeinsinniger Gastgeber der Wöllsteiner Nachwuchs. Um die 30 junge Winzerinnen und Winzer haben sich zur *Vino Generation* zusammengeschlossen. Auch wenn die Vertreter der nächsten Generation im eigenen Gut persönliche Ziele verfolgen, sind sie überzeugt, dass sich zusammen eine Menge bewegen lässt – mit und für den rheinhessischen Wein.

Seit 2012 lädt die *Vino Generation* über die Sommermonate zum besonderen Feierabend ein. Man trifft sich immer donnerstagabends, um bei regionalen Leckerbissen und einem guten Schoppen ins Gespräch zu kommen – oder um einfach nur einen lauen Abend im Freien zu genießen. Treffpunkt des abendlichen Weingenusses ist nicht ausschließlich die Ruine der Beller Kirche: Beim *Feieroomend* kommen weitere atmosphärische Plätze zur Geltung. Eine wunderbare Gelegenheit also, die Weinorte des Wöllsteiner Umlands von Wendelsheim bis Gumbsheim bei rheinhessischer Gastlichkeit kennenzulernen.

Die Ruine der Beller Kirche ist beliebt für Veranstaltungen aller Art und verleiht Mittelaltermärkten, Konzerten und Weinproben einen würdigen Rahmen.

Eckelsheim

Trullo in Flammen
Adelberg
55237 Flonheim

Trullo am Weingut Geistermühle
Geistermühle
55237 Flonheim
06734 245

59 Zipfelmütze im Feuerschein
Weinfest *Trullo in Flammen*

Der Name klingt so liebenswert, wie sich das zipfelmützenartige Türmchen gibt: der Trullo, ein rundliches Weinberghäuschen mit einem sogenannten falschen Gewölbe. Italienische Arbeiter sollen den Baustil aus Apulien mitgebracht haben. In der Folge sind die weißen Trulli zu einem Markenzeichen Rheinhessens geworden.

Zwei Exemplare stehen bei Flonheim. Ein Trullo befindet sich nahe der Geistermühle und der andere, der zu den schönsten seiner Art gehört, ragt auf dem Adelberg empor. Sein Alter ist respektabel: Er stammt aus dem Jahr 1756. Einen besonderen Anblick bietet der kleine Rundbau, wenn er zur Weinwanderung der lokalen Winzer nach Einbruch der Dunkelheit bunt illuminiert wird. Am Vorabend bildet der Dämmerschoppen den Auftakt für das Weinfest *Trullo in Flammen*. Das Hauptereignis folgt am Samstag und beginnt nachmittags in Flonheim mit dem Fußmarsch durch die Weinberge. Ausblicke und Stärkungen lassen die Sieben-Kilometer-Strecke nicht zu lang erscheinen, denn die Winzer stehen unterwegs an ihren Ständen bereit. Auf dem Adelberg angekommen, können sich die Weinwanderer mit Flonheimer Tropfen und regionalen Leckerbissen wie Flammkuchen und Spundekäs' belohnen. Für den Rückweg sollte man vorsorglich eine Taschenlampe dabeihaben. Wer nicht laufen möchte, nimmt den Wein-Shuttle.

So herrscht für wenige Stunden Trubel am Trullo, bis der Adelberg für den Rest des Jahres in die Stille der Weinberge zurückfällt. Hin und wieder kommen Wanderer vorbei, die der *Hiwweltour Aulheimer Tal* folgen.

Der zweite Trullo an der Geistermühle ist ebenfalls eine Stippvisite wert und zu Fuß leicht zu erreichen. Die jahrhundertealte Wassermühle beheimatet heute ein Weingut im Familienbetrieb. Mehrmals jährlich lädt die Winzerfamilie zu Veranstaltungen ein.

Starten Sie zum Trullo vom Wanderparkplatz gegenüber der Geistermühle an der L 407 zwischen Flonheim-Uffhofen und Wendelsheim. Das Ziel ist von der Landstraße aus zu sehen. Ein kurzer Marsch führt durch die Weinberge hinauf zum zipfelbemützten Weinberghäuschen.

Veronikas Weincafé
Weingut und Landhotel
Strubel-Roos
Klostereck 7
55237 Flonheim
06734 962422

60 Sommertraum bei Trullo-Torte
Veronikas Weincafé

Was wäre ein Sonntag ohne ein unwiderstehliches Stück Torte? In *Veronikas Weincafé* kommen Kuchenliebhaber ins Schwärmen. Die Idee zu ihrem Lokal kam Veronika Roos, nachdem sie ihr Studium des Hotel- und Gaststättenmanagements erfolgreich beendet hatte. Sie überlegte, wie man den ansprechenden Frühstücksraum auf dem elterlichen Weingut Strubel-Roos, zu dem auch ein Landhotel gehört, anderweitig nutzen könnte. Wäre er nicht die perfekte Kaffeestube? Ein Plan, der von Anfang an aufging.

An die 20 Kuchen und Torten backt Veronika Roos für jedes Wochenende und stellt die Gäste beim Anblick der selbstkreierten wie traditionellen hausgemachten Spezialitäten vor die Qual der Wahl. Keine Frage, dass auf Wunsch ebenfalls Weine, Sekte und herzhafte Kleinigkeiten auf die Kaffeetafel kommen. Schließlich befinden wir uns in einem Winzergut. Dessen Reben gedeihen auf den typisch rheinhessischen Kalkmergel-, Löss- und Tonböden. Angebaut werden Rot- und Weißtrauben, deren Endprodukte in der Vinothek verkostet und gekauft werden können. Wie der *Sommertraum*, eine Cuvée aus Riesling und Kerner, die auch an kühleren Tagen mundet.

Das Weingut und Landhotel im Klostereck ist wie viele rheinhessische Betriebe in Familienbesitz. Die Eltern Karl Rainer und Heide Strubel-Roos stemmen die Aufgaben gemeinsam mit Tochter Veronika und Sohn Frederick. Kompetent unterstützen zudem die Großeltern, die das Gut zu Beginn der 1970er-Jahre für Gäste öffneten und dort als frühe Vorreiter rheinhessischer Gastfreundschaft eine Weinstube einrichteten. Zu tun gibt es reichlich in den Weinbergen und im Keller, im Café und Hotel. Dass die gesamte Familie mit so viel Engagement und Freude dabei ist, trägt ebenso zum Wohlbefinden der Gäste bei wie das geschmackvoll gestaltete Anwesen mitten im historischen Ortskern.

Seit der Römerzeit erweist sich Flonheimer Sandstein als begehrtes Baumaterial. Bei einem Rundgang durch das historische Zentrum lassen sich etliche aus diesem Stein gemauerte Häuser entdecken.

**Geistreich Brennerei
B. & H. Nehrbaß**
Bermersheimer Straße 9
55237 Lonsheim
06734 576

61 Rheinhessen-Grappa und Spargelgeist
Geistreich Brennerei B. & H. Nehrbaß

Guter Grappa muss unbedingt aus Italien kommen? Wer das behauptet, hat noch keinen rheinhessischen Branntwein gekostet – allen voran den aus der *Geistreich Brennerei B. & H. Nehrbaß*.

Auf dem Destillieren des hochprozentigen Tresterbrands liegt das Hauptaugenmerk von Bianca und Hein Nehrbaß, die neben der Brennerei in Lonsheim ein Weingut im 15 Kilometer entfernten Schornsheim führen. Zwei Standbeine mit einem erheblichen Vorteil, vor allem für die Brennerei. Dort verwenden die geprüfte Weinfachberaterin und Agrarbetriebswirtin und der Weinbautechniker den Trester der eigenen Trauben, was der Qualität zugutekommt. Außerdem ist der Trester sortenrein, sodass der Rheinhessen-Grappa speziell aus Riesling, Gewürztraminer, Muskateller oder Cabernet Mitos – einer vergleichsweise neuen Rotweinsorte – gebrannt werden kann. Und wo sonst wäre es möglich, in den Genuss von Rebensaft und Trester vom selben Weinberg und aus der gleichen Traube kommen zu können?

Neben unverzichtbaren Klassikern wie Weinbränden lässt sich Hein Nehrbaß gern zu überraschenden Geschmacksrichtungen inspirieren. Wenn sich in einem Likör Granatapfel mit Orange oder Erdbeere mit Rhabarber verbinden, verhilft das zu vielfältigen Variationen sommerlicher Mixgetränke. Da in Rheinhessen auch der Obstanbau zu Hause ist, dürfen in einer regionalen Brennerei keinesfalls die Obstbrände fehlen. Reife Früchte von Quitte, Rotem Weinbergpfirsich, Sauerkirsche und Schwarzer Johannisbeere werden von örtlichen Landwirten angeliefert. Dass Rheinhessen ebenfalls Spargelland ist, lässt sich ebenso am Reigen der hochprozentigen Geistreich-Tropfen ablesen. Der *Spargelgeist* verspricht ein wahrhaftig außergewöhnliches Geschmackserlebnis!

Die Edelbrände und andere Erzeugnisse können direkt in der Brennerei in Lonsheim eingekauft werden.

Laura und Leo Lahm vom
Weingut Leo Lahm
Außerhalb 1
55232 Ensheim
06732 1766

62 Rebenkultur in majestätischer Lage
Weingut Leo Lahm mit *Vinothek Vinum LL*

Welch ein Ausblick! Die bodentiefen Panoramafenster der *Vinothek Vinum LL* lenken die Sicht unmittelbar auf ausgedehnte Rebflächen, zwischen denen der Ensheimer Weinbergsturm aufragt. Die moderne Weinhandlung präsentiert die Erzeugnisse des Winzers Leo Lahm, dessen Gut sich am südwestlichen Rand Ensheims befindet.

Das Städtchen ist der kleinste Winzerort der Verbandsgemeinde Wörrstadt. Das Ensheimer Weingut liegt seit Generationen in den Händen einer Familie, und wiederum ist der Nachwuchs in die Fußstapfen der Eltern getreten. Als Weinbautechnikerin führt Laura Lahm das Geschäft gemeinsam mit den Eltern Petra und Leo Lahm. Zudem ist Laura Lahm eine echte Majestät. 2016 und 2017 vertrat sie als Rheinhessische Weinkönigin ihre Heimatregion. Im Jahr darauf wurde sie sogar zur Deutschen Weinprinzessin gekürt und warb, zusammen mit einer zweiten Prinzessin und der Deutschen Weinkönigin, weit über Rheinhessen hinaus im In- und Ausland für den deutschen Rebensaft.

Die Reben des Guts Leo Lahm wachsen im benachbarten Albig und auf Ensheimer Grund heran. Die Weinlage der Gemeinde ist der Kachelberg, dessen Name sich vermutlich von dem mittelalterlichen Begriff »Kocke« ableitet. Mit einer »Kocke« war einst ein eher breites Schiff mit rundem Bug gemeint, und daran sollte die rundliche Form des Weinbergs erinnern.

Wie aufgeschlossen die Winzerfamilie Lahm dem Fortschritt gegenübersteht, ohne das Altbewährte aus dem Blick zu verlieren, beweist die lichte Architektur der stilvollen *Vinothek Vinum LL*. Sie bildet auch das Ziel der angebotenen Weinwanderungen. Bei der anschließenden Verkostung lässt der Wanderer das Erlebte bei einem Schoppen nachwirken – und den Tag mit freiem Blick auf die Ensheimer Rebenlandschaft ausklingen.

Die elegante *Vinothek Vinum LL* kann für private Feste und Firmenevents gemietet werden.

Kellerweg-Fest
(August)
Kellerweg
67583 Guntersblum
06249 8037485

Veranstalter:
Verkehrsverein Guntersblum
Hauptstraße 55
67583 Guntersblum
06249 8037485

63 Sternstunden im Winzerjahr
Kellerweg-Fest

Auf einem guten Kilometer erstreckt sich der Kellerweg unterhalb der Weinberge am westlichen Rand der Winzerortschaft Guntersblum. Dass die geruhsame Gasse weit mehr zu bieten hat als ihr verträumtes Altstadtflair, lassen die Schilder der Weingüter ahnen, mit denen sich eine Reihe der historischen Häuser schmückt. An beiden letzten Augustwochenenden zieht es Tausende zu einem der ältesten und größten Weinfeste zwischen Mainz und Worms.

Beisammengesessen wird im Kellerweg seit Mitte der 1960er-Jahre. Aus der beschwingten Zusammenkunft der Landjugend entwickelte sich, mit Unterstützung der örtlichen Vereine, innerhalb weniger Jahre das *Kellerweg-Fest*, dessen kulinarisches Angebot im zur Feiermeile herausgeputzten Sträßchen kaum Wünsche offenlässt. An die 400 Weine, Sekte und Seccos kommen zum Ausschank.

Im Kellerweg liegt Kelterhaus an Kelterhaus. Einige der Gewölbe, die heutzutage noch zu ihrem eigentlichen Zweck genutzt werden, stehen zu den Festwochenenden offen. Andere Winzer laden in ihre Höfe ein oder bieten auf der Straße ihre Erzeugnisse und Speisen an. In das bunte Treiben hinein vermischen sich die Klänge der Livemusik aus den Kellern und vom Julianenbrunnen herüber, nachdem ein Höhenfeuerwerk am Freitagabend das Spektakel eingeläutet hat. Am Julianenbrunnen in der Mitte des Kellerwegs darf auch getanzt werden!

Wer jene Keller besichtigen möchte, die sonst übers Jahr verschlossen sind, schließt sich einer Führung an. Für die jüngsten Weinfestbesucher stehen Spiele auf dem Programm. Oder die Familie bricht zu einer »Weck, Worscht, Woi«-Rundfahrt in die Guntersblumer Weinberge auf. Zum Naturerlebnis werden lokale Tropfen und ein Imbiss gereicht. Als Weinveranstaltung mit familiärer Note hat das *Kellerweg-Fest* für große wie kleine Besucher Attraktives zu bieten.

Zur kulinarischen Orientierung veröffentlichen die Veranstalter einen Faltplan, der neben beteiligten Weingütern auch deren Angebote von Kaffee und Kuchen bis zu Pellkartoffelvariationen auflistet.

64 Hochgenuss auf Wolke sieben
Landhotel und Restaurant *Weingold im Domhof*

Ein Anwesen mit 400-jähriger Geschichte! Das *Weingold im Domhof* hat seit seinem Bestehen unzählige Gäste von nah und fern beherbergt. Kein Besucher, sondern ein früher Bewohner des Anwesens war Johann Philipp Kreißler, der 1709 nach Amerika auswanderte. 200 Jahre später sollte sein Nachfahre Walter Percy Chrysler als Automobilpionier von sich reden machen.

Das Haus in Guntersblum war lange Zeit bekannt als *Pfälzer Hof*. 2017 wurde es von Stefanie Löb, einer gebürtigen Rheinhessin, und ihrem Mann, Dirk Löb, dem Sohn deutscher Einwanderer in Australien, übernommen und zum *Landhotel Weingold* umgebaut. Notwendige Modernisierungen wurden Zug um Zug und mit Augenmaß umgesetzt, da es den Betreibenden am Herzen lag, den ursprünglichen Charme des historischen Gebäudes zu erhalten. Der jüngere Teil aus den 1990er-Jahren, der heute Hotelzimmer beherbergt, wurde ebenfalls mit Umsicht in die Renovierungen einbezogen. Und natürlich etablierte Dirk Löb in jenen Tagen als gelernter Koch zudem ein namhaftes Restaurant in den Governmenträumen.

2021 erlebte das Haus mit dem Verkauf an ein Weingut eine erneute Wende und nennt sich seitdem *Weingold im Domhof*. Das Winzerpaar Alexander und Chris Baumann traf den Entschluss, ihr *Weingut Domhof* um dieses Gasthaus und Hotel zu bereichern. Was läge näher, als die eigenen Weine im eigenen Restaurant zu Genuss zu bringen? Bei schönem Sommerwetter gerne auf der großzügigen Terrasse unter strahlendblauem Himmel. Die Küche bietet internationale und regionale Spezialitäten, darunter Bodenständiges. Wer kurze Wege schätzt, bleibt am besten gleich im angeschlossenen Hotel Weingold oder bucht eine Ferienwohnung auf dem zugehörigen Weingut – genauer gesagt: im *Schlafgut Domhof*. Für Verliebte empfiehlt sich die Wolke 7.

Guntersblum vis-à-vis, auf der anderen Rheinseite, liegt das Europa-Reservat Kühkopf-Knoblochsaue mit vielen Rad- und Wanderwegen und Beobachtungsständen.

Zum alten Kelterhaus
Außerhalb 7
67577 Alsheim
06249 5702

65 Märchenzauber für Musikfans
Restaurant *Zum alten Kelterhaus*

Etwas Gotisches hat es an sich, mit seinem zierlichen Ornamentfenster im Giebel und dem spitzbogigen Portal darunter. Und es erscheint uns verwunschen wie ein Märchenschloss, das seinen verworrenen Mantel aus Schlingpflanzen mit Anmut trägt. Das Restaurant *Zum alten Kelterhaus* versprüht seinen ganz eigenen Zauber und nimmt die Besucher in jeder Jahreszeit für sich ein.

Seit 2008 dient das verträumte Bauwerk als Gasthaus. Flammkuchen, Salate und Sommergerichte kann man sich im romantisch dekorierten Biergarten, in dem es an allen Ecken und in jeder Nische grünt und blüht, schmecken lassen. Wer an einer der Pflanzen besondere Freude hat, darf seinen neuen Liebling sogar mit nach Hause nehmen. Viele Gewächse stehen zum Verkauf. In den kühlen Monaten finden die Gäste im Gewölbekeller zusammen, der stimmungsvoll mit Kerzen ausgeleuchtet wird. Fürs körperliche Wohlbefinden heizt ein Holzofen ein. Oder man nimmt im Wintergarten Platz.

Neben heimischen Speisen gehören Erzeugnisse von regionalen Winzern zum Angebot. Mit 700 Hektar Rebfläche trägt Alsheim schließlich nicht unerheblich zum rheinhessischen Ertrag bei und ist stark durch den Weinbau geprägt, wie ein Spaziergang durch die Alsheimer Straßen zeigt.

Doch zurück zum – kurz genannt – ZAK, das nicht allein mit seinem Auenland-Charme verzückt. Ganz handfest sind die Veranstaltungen – echte Leckerbissen für alle Freunde der Livemusik, die offen sind für unbekanntere Gruppen und Musikgenres jenseits des Mainstreams. Was nicht heißen soll, dass nicht auch etablierte Bands immer wieder gerne in diesem familiären Haus auftreten. Auf der Bühne kommen sich Künstler und Zuhörer im besten Sinne nahe. Lesungen, Theateraufführungen und Kabarettabende runden das bunte Programm im *Alten Kelterhaus* ab.

Der Alsheimer Weinlehrpfad *WeinAromaMeile* öffnet den Blick auf die Rheinebene.

Alsheim

Winzerfest Alzey
(September)
Kronenplatz
55232 Alzey
06731 4950

Tourist-Information Alzeyer Land
Antoniterstraße 41
55232 Alzey
06731 499364

66 In der Heimat der Scheurebe
Winzerfest Alzey

Alzey mit seinem schmucken und von drei Marktplätzen geprägten historischen Kern sei – so meinen nicht nur die Alzeyer selbst – doch die heimliche Hauptstadt Rheinhessens. Und zudem prädestiniert, die gesamte Weinregion zu repräsentieren. Denn in Alzey wirkte ein Mann, dem der Weinbau in Rheinhessen wie anderswo Großes zu verdanken hat.

Georg Scheu (1879–1949) stammte aus Krefeld und studierte Anfang des 20. Jahrhunderts Weinbautechnik an der Lehr- und Forschungsanstalt in Geisenheim im hessischen Rheingau. 1909 siedelte er nach Pfeddersheim bei Worms über und lebte später in Alzey, wo er schließlich starb. Während seiner Zeit in Rheinhessen machte er sich einen Namen als Begründer der Rebenzüchtungen. Die bekannteste seiner Kreationen ist die nach ihm benannte Scheurebe, eine Kreuzung aus Riesling und Bukettraube, die im Jahr 2016 ihren 100. Geburtstag feiern durfte. Zwischenzeitlich beinahe vergessen, gewann die weiße rheinhessische Sorte dank guter Weine neue Anhänger. Auch auf dem *Winzerfest Alzey*?

Um das herauszufinden, bieten sich die fünf Festtage im September an. Los geht es in jedem Jahr am dritten Freitag des Monats. In die Feierlichkeiten ist die gesamte Altstadt einbezogen. Die Plätze sind mit Musikbühnen bestückt, dazwischen reihen sich Stände mit Angeboten von Reibekuchen bis Rostbratwurst. Ein Hauptakt der Veranstaltung, die seit über acht Jahrzehnten stattfindet, ist der große Umzug am Sonntagnachmittag. Die Zuschauer fühlen sich ein wenig in die Karnevalszeit versetzt. Sogar Maskierte nach venezianischer Art marschieren mit. Reichlich Trubel herrscht auf Rummelplatz und Jahrmarkt. Die Winzer aus dem Alzeyer Land finden wir auf dem Kronenplatz, wo sie in weißen Pagodenzelten ihre Weine ausschenken – inklusive der erfolgreichen Züchtung des Georg Scheu.

Zum *Winzerfest Alzey* fahren zusätzliche Züge und Busse. Der Fahrplan wird auf der Website angezeigt.

Vinothek & Restaurant Kaisergarten
Hospitalstraße 14
55232 Alzey
06731 3076

Weinhotel Kaisergarten
Hospitalstraße 17
55232 Alzey
06731 997600

67 Kaiserliche Bühne für den Wein
Vinothek & Restaurant Kaisergarten

Nachdem Napoleon in einem Alzeyer Gasthaus abgestiegen war, nannte der stolze Besitzer seine Wirtschaft fortan *Zum Kaiser*. Die angrenzenden Grünanlagen wurden zu den *Kaisergärten*. Als diese verschwanden, blieb der Name *Kaisergarten* für das gesamte Areal – sogar nachdem es sich im Zuge der Stadtsanierung in den 1980er-Jahren in eine Frei- und damit Spielfläche für Kinder verwandelt hatte. Weil Petra Brand mit dem Toben »uff de Kaiser« schönste Erinnerungen verbindet, nannte die Alzeyerin die Weinhandlung, die sie 2004 gemeinsam mit ihrem Mann Andreas Biegler eröffnete, *Vinothek & Winzercafé Kaisergarten*. Ein zukunftsweisender Schritt!

Vinotheken hatte es in dieser Form bis dahin nicht gegeben. Der Plan der beiden engagierten Winzermeister, ihre Gäste bei Kaffee und Kuchen unverbindlich für Wein zu begeistern, ging auf. Die Menschen kamen und wollten bleiben – auch über Nacht. So folgte die Eröffnung eines Gästehauses. 2014 lockte Petra Brand und Andreas Biegler folgerichtig ein neues Ziel. Unmittelbar »uff de Kaiser« entstand durch Aufstockung und Umbau eines ehemaligen Supermarkts das *Weinhotel Kaisergarten*. Bei der Benennung und dem Farbkonzept der 47 Zimmer ließ sich das Ehepaar von seinem Wunsch leiten, den Rebensaft auch in diesem Betrieb in den Mittelpunkt zu stellen. Im Verkaufsraum des Hotels darf man nach Herzenslust stöbern und seinen Lieblingswein ausfindig machen.

Schon 2009 hatten Petra Brand und Andreas Biegler die traditionsreichen Winzerbetriebe ihrer Familien zusammengeführt. Nun bündeln die ursprünglichen Güter *Andreashof* und *Stephan-Brand* Wissen und Erfahrungen im gemeinsamen *Weingut Biegler & Brand*. Mit Neuerungen überzeugt ebenfalls die Vinothek, die mittlerweile als *Vinothek & Restaurant Kaisergarten* bei wechselnder Abendkarte zum Weingenuss einlädt.

Gegenüber der *Vinothek & Restaurant Kaisergarten* liegt das *Weinhotel Kaisergarten*. Das *Weingut Biegler & Brand* und das *Gästehaus Birkenhof* befinden sich in der Mainzer Straße 8–12 (www.biegler-brand.de).

68 Ein herrschaftliches Vermächtnis
Weingut der Stadt Alzey

Im Jahr 1916 gelangte Alzey dank einer Erbschaft in den Besitz eines Weinguts. Dazu zählte, zusätzlich zum landwirtschaftlichen Grund und Boden, auch ein herrschaftliches Anwesen in der Schlossgasse im Zentrum der Stadt. Dr. Adolf Seubert, Sohn und Enkel zweier Alzeyer Bürgermeister, war während eines Militäreinsatzes in Ostpreußen verstorben und hatte seinen Heimatort zuvor im Testament bedacht. Der Nachlass sollte sich als wegweisendes Geschenk erweisen: Mit Römerberg, Kapellenberg, Rotenfels, Weinheimer Kirchenstück und Mandelberg gehören der Gemeinde erstklassige Weinlagen, deren Bearbeitung in die Hände fachkundiger Winzermeister und Weinbautechniker gelegt wurde.

In den 1970er-Jahren schafften es Alzeyer Erzeugnisse sogar in den namhaften Bremer Ratskeller. Mitte der 1980er-Jahre musste sich das städtische Weingut den veränderten Bedingungen des Markts fügen. Die Rebflächen wurden reduziert und der Flaschenverkauf aufgestockt, um wirtschaftlicher zu arbeiten und den guten Ruf des Alzeyer Weins weiterhin über regionale Grenzen hinauszutragen. Unterstützt durch Fördermittel aus dem Städtebau flossen im folgenden Jahrzehnt hohe Summen in die grundlegende Sanierung der Gutsgebäude.

2013 übergab die Stadt die Grundstücke in die Hände privater Pächter, was keinesfalls die Verbundenheit der Bürgerinnen und Bürger mit *ihrem* Weingut schmälerte – ganz im Gegenteil. Mit den neuen Betreibern setzte eine rege Geschäftigkeit hinter den historischen Mauern ein. Zahlreiche Veranstaltungen, Kunstaustellungen und Events rund um Genuss und Rebensaft adeln heute das städtische Weingut zur guten Stube der Alzeyer – womit sich der Wunsch des einstigen Besitzers, seine Heimatstadt mit seinem Erbe zu beglücken, aufs Beste erfüllt haben dürfte.

Edle Tropfen und kulinarische Spezialitäten gehören zum Sortiment der Vinothek des *Weinguts der Stadt Alzey*. Im Sommer lockt es Weinfreunde zum Sommerausschank in den Innenhof.

Eiscafé De Covre
Rossmarkt 11
55232 Alzey
06731 9009658

69 Frostige Erfrischung am Brunnen
Eiscafé De Covre in Alzey

Wer sowieso kaum einer italienischen Eisdiele widerstehen kann, dessen Augen werden an diesem Lieblingsplatz leuchten. Was auf dem Alzeyer Rossmarkt in eisiger Vielfalt cremig-frisch und fruchtig-süß in Waffel oder Becher kunstvoll aufeinandergetürmt wird, lässt jeden Eis-Fan strahlen.

Das *Eiscafé De Covre* liegt im Herzen der Stadt. Im Sommer lockt die Terrasse, an nassen oder kühlen Tagen sitzen die Gäste wettergeschützt hinter großflächigen Glasfronten, die dennoch das Gefühl vermitteln, im Freien zu sitzen. Stets öffnet sich der Blick auf das vergnügliche Treiben im Zentrum des Rossmarkts. Mit der Gestaltung der Fußgängerzone in den 1980er-Jahren kam die Idee auf, den Platz mit einem Brunnen zu schmücken. *Volkers Ross*, ein Entwurf von Professor Gernot Rumpf aus Neustadt, gewann den ausgeschriebenen Wettbewerb und erfreut bis heute als markanter Blickfang Einheimische und Touristen. Das Denkmal mit der lebensgroßen bronzenen Pferdestatue erinnert an den Minnesänger Volker von Alzey, bekannt aus dem Nibelungenlied. Sportliche schwingen sich für ein Foto sogar in den Sattel.

Mit der Eiswaffel auf der Hand bietet sich schleckenderweise ein Rundgang durch das historische Stadtzentrum an. Vom Rossmarkt zweigen mehrere Sträßchen ab. Die Schlossgasse führt uns direkt zum Alzeyer Schloss, einer mächtigen Anlage, deren Ursprung im 13. Jahrhundert liegt. Im 15. und 16. Jahrhundert zum Schloss ausgebaut, wurden die Gemäuer später zerstört und zur Zeit des Historismus wiedererrichtet. Heute residiert dort das Amtsgericht. Ein Spaziergang entlang des Schlossparks bringt uns durch die Altstadt zurück zum Rossmarkt. Vielleicht noch einen Cappuccino im *De Covre*? Und falls es einmal kein Eis sein soll: Auch Frühstücker und Liebhaber von Kaffee und Kuchen kommen hier auf ihre Kosten.

Ein Ausflug in die Umgebung lohnt sich. Dank seiner *Hiwweltouren* bietet das Alzeyer Hügelland ausgesucht schöne Wanderwege und Naturerlebnisse.

70 Das Gelbe vom Ei
Hofladen Eichhof in Kettenheim

Eine Wiese, auf der sich Scharen von braunen und weißen Hennen mit dem beschäftigen, was Hühner eben gern tun: gackernd im Sand scharren oder pickend unter den Bäumen umherstolzieren. Dass eine weiße Henne außerhalb des Zauns entlangflaniert, sieht Monika Kunz mit wohlwollender Gelassenheit. Sie kennt den Freiheitsdrang dieser Ausbrecherin, die nach den täglichen Ausflügen zuverlässig zurück ins Freigehege flattert.

1.000 Legehennen leben auf dem *Eichhof* und können sich tagsüber nach Belieben im Freien bewegen. Nur an nassen und kalten Wintertagen bleibt das Federvieh besser im Stall. Bereits im Jahr ihrer Hochzeit 1986 hatten Monika und Erhard Kunz die Hühnerhaltung auf Freilandhaltung umgestellt, womit sie ihrer Zeit weit voraus gewesen sind. Die artgerechte Haltung der Legehennen ist dem Alzeyer Landwirtspaar deutlich wichtiger als ein Höchstmaß an Eierproduktion. Das Futter stammt überwiegend aus dem eigenen Anbau. Sogar Soja produziert Erhard Kunz eigens für seine Tiere. Garantiert frei von Gentechnik!

Den Mut zu Neuem und die Freude am Experimentieren beweist das Paar ebenfalls mit dem Anbau seltener Ölpflanzen wie Leindotter, dessen Öl besonders hochwertig und schmackhaft ist – nicht zu verwechseln mit Leinöl. Für das Rapsöl aus der hofeigenen Mühle nehmen Stammkunden auch längere Strecken auf sich und decken sich gleich mit einem Monatsvorrat ein. Das Gemüse im Verkaufsregal stammt aus der Region. Äpfel und Kürbisse reifen auf dem Eichhof heran. Doch Eier und alles Schmackhafte, was man daraus herstellen kann, bilden das Hauptangebot im Hofladen. Die Nudeln lassen Monika und Erhard Kunz aus hofeigenen Eiern fertigen. Natürlich darf Eierlikör nicht fehlen. Und als Dankeschön darf ein Huhn auf dem Eichhof einfach Huhn sein.

Das Verkaufshäuschen *Ei to go* hat rund um die Uhr geöffnet und bietet neben frischen Eiern außerdem eine Auswahl an Kartoffeln, Nudeln und Rapsölen.

Inhaber und Koch
Armin Menges vom
Restaurant Genusswerkstatt Menges
Langgasse 55
55234 Flomborn
06735 2697004

Weingüter der Gemeinde Flomborn
Langgasse 28
55234 Flomborn

71 Altes Haus sucht Veränderung
Restaurant *Genusswerkstatt Menges*

Welch glückliche Fügung, die Jutta und Armin Menges im Jahr 2013 nach Flomborn führte, ein gepflegtes Dorf im südlichen Rheinhessen. Die Saarländerin und der gebürtige Westpfälzer, beide in den Fünfzigern, waren auf der Suche nach einem kleinen Wohnhaus. Ein Angebot in Flomborn trumpfte mit ausladenden Maßen auf: 400 Quadratmeter Wohn- und Nutzfläche konnte das Gebäude von 1832 vorweisen. Auch ein Garten gehörte dazu: 650 Quadratmeter verwahrlostes Gelände. Das Haus habe *sie* gefunden, nicht umgekehrt, meinen Jutta und Armin Menges rückblickend.

Was anstellen mit diesem neuen Daheim, das bis 1930 eine Gastwirtschaft und eine Bäckerei beherbergt hatte? Jutta Menges ist gelernte Hotelfachfrau, ihr Mann Armin von Haus aus Elektroniker, kocht aber beruflich seit den 1990er-Jahren. Warum also nicht? Innerhalb weniger Tage stand der Businessplan, die Bank ließ sich schnell überzeugen, und noch im selben Jahr eröffnete das *Restaurant Genusswerkstatt Menges*. Dazwischen lagen arbeitsreiche Wochen und Monate, in denen das Haus umgebaut und der Gastraum eingerichtet wurde.

Der Name *Genusswerkstatt* ist Programm. Armin Menges kocht mit hochwertigen Zutaten aus der Region, wie mit dem Lammfleisch, das ein Schäfer vom Donnersberg bereitstellt, oder dem Spargel aus dem Nachbarort. Flomborner Winzer liefern die Weine. Aus dem verwilderten Grundstück formten Jutta und Armin Menges einen üppigen Kräutergarten. Von seinen Eltern ermuntert, hatte Armin Menges als Kind mutig probiert, was Wälder und Gärten Grünes zu bieten haben. Für die *Genusswerkstatt* liefern nun Pflanzen wie Wiesenkerbel, Schafgarbe, Hirschhornwegerich und chinesischer Jiaogulan sowie eine Vielfalt essbarer Blüten die innovativen Impulse für eine bodenständige Küche mit traditionellen Gerichten.

In Flomborn laden wie überall in Rheinhessen die örtlichen Winzer zu Weinverkostungen ein.

Flomborn

Familie Raumland vom
Sekthaus Raumland
Alzeyer Straße 123c
67592 Flörsheim-Dalsheim
06243 908070

Fleckenmauer
Am Obertor 1
67592 Flörsheim-Dalsheim

72 Geheimtipp mit Spitzenruf
Sekthaus Raumland

An die 30 Weingüter sind in Flörsheim-Dalsheim angesiedelt. Eines davon verarbeitet die eigenen Trauben zu Sekt. Nicht zu irgendeinem, wohlgemerkt. Als Vorbild dient dem *Sekthaus Raumland* der Champagner, wobei festzuhalten wäre, dass sich rheinhessische Erzeugnisse keinesfalls so nennen dürften. Volker Raumland stellt seine Schaumweine mit der klassischen Flaschengärung her – geleitet von einer Passion, die die Raumland-Tropfen hoch hinauf an die Spitze der deutschen Konkurrenten führte. Sogar international brillieren die Sekte aus dem rheinhessischen Weinland Wonnegau.

Das Geheimnis des Erfolgs? Zum Beispiel das Talent Volker Raumlands, aus den Weinen herauszuschmecken, welcher Sekt sich daraus in den folgenden fünf, sechs oder zehn Jahre entwickeln könnte. Die biologisch angebauten Trauben von Spätburgunder, Chardonnay, Weißburgunder und Schwarzriesling, aus denen die Cuvées bestehen, werden auf den gutseigenen Flächen geerntet. Denn auch der Zeitpunkt der Lese ist entscheidend für die Qualität des Schaumweins. Seccos als leichtere Alternative werden ebenfalls in der Vinothek des *Sekthauses Raumland* angeboten. Zu den alkoholischen Seccos aus roten und weißen Trauben stehen – für den exklusiven alkoholfreien Trinkgenuss – weißer Traubensecco und roter Secco aus Wildäpfeln zur Wahl.

Seit 1990 sind Volker Raumland und sein Frau Heide-Rose, die wie ihr Mann aus einer Winzerfamilie stammt, in der Villa in Flörsheim-Dalsheim zu Hause. Ende der 1990er-Jahre begann das Winzerehepaar mit der Sektproduktion. Aus den Anfängen mit nach Feierabend produzierten Flaschen entwickelten sich die nach wie vor als Geheimtipp gehandelten Schaumweine. Sie tragen den Ruf des rheinhessischen Sektmachers Volker Raumland weit über den Wonnegau hinaus. Die Töchter Katharina und Marie-Luise teilen die Leidenschaft für den Sekt.

Die sogenannte Fleckenmauer, einzigartiges Zeugnis einer mittelalterlichen Ortsbefestigung in Rheinhessen, zieht sich mit einer Länge von 1.100 Metern und mit sieben Türmen bestückt durch den Ortsteil Dalsheim.

73 Grüne Küche im Dornröschenschloss
Gut Leben am Morstein

Gut Leben am Morstein ist erfreulich wörtlich zu nehmen. Das ist der außergewöhnlichen Gastronomie in exklusiven Räumen geschuldet. Beziehungsweise der Entspannung im 1.000 Quadratmeter großen *Weingarten* vor der Kulisse des denkmalgeschützten Winzerguts.

Gut Leben am Morstein, so wie es sich nach aufwendigen Renovierungen präsentiert, ist das Werk von Stefan Spies. Mit der Eröffnung 2017 befreite der Gastronom die 1899 gebaute *Villa Keller* aus einem zwölf Jahre währenden Dornröschenschaf. Die Gourmetküche ist modern und pflanzenbasiert, was nicht allein Vegetarier und Veganer begeistert. Eine Pflanzenküche, die sogar solche Gäste überzeugt, für die Fleisch ansonsten unbedingt dazugehört, liegt Stefan Spies sehr am Herzen. Mit innovativen Ideen und kreativem Geschick meistert sein Küchenchef diese Herausforderung. Auf hochwertige Fisch- und Fleischgerichte muss trotzdem kein Gast verzichten.

Da sich Stefan Spies, der in Rheinhessen aufwuchs und beruflich außerdem in Frankfurt tätig ist, neben lukullischen auch kulturellen Leckerbissen widmen möchte, verwandelte er die historischen Gewölbekeller zu Veranstaltungsräumen für Konzerte bis Kabarett. An das Programm erhebt er ebenfalls hohen Anspruch. Der *Kulturkeller* ähnelt nicht nur optisch dem Mainzer Unterhaus: Die Namen der in Westhofen auftretenden Künstlerinnen und Künstler gleichen dem renommierten Vorbild aus der Landeshauptstadt.

Wer nach dem Abendmenü oder Kulturgenuss nicht mehr heimfahren möchte, nächtigt in einem der *Gemächer* im Fachwerkhaus aus dem 16. Jahrhundert, das ebenfalls zum Ensemble gehört. Bliebe zu klären, warum das Schlösschen den Namen »am Morstein« trägt. So heißt die hochgeschätzte Weinlage in der Nachbarschaft, und der Zusatz macht auf die führende Rolle rheinhessischer Tropfen im Gut aufmerksam.

Im historischen *Weingarten* kann zum Schoppen gut-bürgerlich à la carte (pflanzlich oder konventionell) gespeist werden. Bei schlechtem Wetter verweilt der Gast gut behütet im *Schlösschen*.

Westhofen

74 Rum und Grappa auf Rheinhessisch
Destille Kaltenthaler

Was kann man nicht alles mit süßem Obst machen? Eiscreme herstellen. Kuchen backen. Marmelade kochen. Oder einfach pur genießen. Eine besonders exquisite Verwendung für Früchte aller Art ist der Obstbrand. In der Destille Kaltenthaler wirkt Felix Georg Kaltenthaler als Brenner in der dritten Generation. Für seine Brände und Liköre verarbeitet er überwiegend die Ernte aus der rheinhessischen Nachbarschaft.

Die (unter anderem) vollreifen Pflaumen und Zwetschgen werden von Hand verlesen, gereinigt und nach einer kältegesteuerten Fermentation destilliert. Eine ausgesuchte Qualität stellen die *Goldenen Brände* dar, die auf Trockenobst nachreifen. Mit würzigen oder süßen Stoffen wie Chili oder Karamell, Walnuss oder Brombeere angereichert, entstehen verführerische Liköre. Im Fall der Sahneliköre sparen die Obstbrenner in der *Destille Kaltenthaler* allerdings bewusst an der zugeführten Menge der Sahne, um deren Süße nicht überzustrapazieren. Wenn weniger mehr ist, kommt dies dem erlesenen Geschmack des Likörs zugute.

Was in einem Weinland nicht fehlen sollte, ist der Tresterbrand, die rheinhessische Antwort auf den italienischen Grappa, dem man sich in der *Destille Kaltenthaler* ebenfalls mit Elan verschrieben hat. Über mehr als 70 sortenreine Tresterbrände verfügt das Sortiment. Anleihen ans Ausland machen auch drei weitere Erzeugnisse aus Rheinhessen: *Vangiones*, der Whiskey aus heimischem Malz, *Amato Gin* für den italienischen Abend zu Hause oder *Revolte*, ein Rum, mit dem sich gehaltvolle Cocktails mixen lassen. Oder doch lieber einen Weinbrand, der über Jahre reifen durfte? Wer den Hofladen der *Destille Kaltenthaler* in Westhofen aufsucht, wird viele exquisite Tropfen entdecken. Und bei einer Verkostung sicherlich seinen persönlichen Favoriten herausschmecken.

Zwei Wochen nach Pfingsten feiert Westhofen das *Traubenblütenfest*, ein traditionelles Weinfest mit einem Umzug der Winzer und der Krönung der Traubenblütenkönigin.

Westhofen

75 Verführung im Obstgarten Wonnegau
Apfelzentrum Orlemann

Osthofen liegt im Wonnegau, dem südöstlichen Teil Rheinhessens. Nirgendwo sonst in Deutschland scheint die Sonne länger und zuverlässiger. Auf den warmen, trockenen Böden gedeihen Rebsorten, die wir eigentlich aus mediterranen Ländern kennen. So verwundert es nicht, dass sich in der Region (fast) alles um den Wein dreht. Doch wo der Wein zu Hause ist, fühlen sich auch Obstbäume pudelwohl. 1964 griff Harald Orlemann zum Spaten und begann mit der Anpflanzung jener Apfelbäume, die Monika und Stephan Orlemann nun in zweiter Generation im Familienbetrieb bewirtschaften.

Über die Jahrzehnte wurde die Palette der Sorten regelmäßig um altbewährte sowie vielversprechende Neuzüchtungen erweitert. »Integrierte Produktion« heißt die Leitlinie, nach der die Bäume und Früchte im *Apfelzentrum Orlemann* gepflegt und geerntet werden. Im Winter erhalten die Bäume einen gezielten Schnitt, und im Frühjahr werden die Äpfel von Hand ausgedünnt. Weniger Früchte am Baum bedeuten zwar einen geringeren Ertrag, dafür steigen Qualität und Geschmack. Das frisch gepflückte Obst wird im Kühlhaus eingelagert, um später im Hofladen angeboten zu werden. Auch in ausgewählten Verkaufsstellen ist das *Apfelzentrum Orlemann* vertreten. Im August beginnt der Kreislauf von Neuem, wenn die ersten Frühäpfel reifen. Im September fällt der Startschuss für die Haupternte.

Die Bezeichnung »Wonnegau« scheint wie gemacht für einen Landstrich, dessen mildes Klima seinen Bewohnern reiche Erträge und Wohlbefinden schenkt. Tatsächlich geht der Name auf das Volk der Vangionen zurück, die hier einst lebten. »Civitas Vangionum« hieß die Region bei den Römern. Im Volksmund schliff sich der Begriff »Wangengau« im Lauf der Zeit zu »Wonnegau« ab, was für den sonnenverwöhnten Landstrich nicht passender sein könnte.

Wer selbst Hand anlegen möchte, ist zum Selbstpflücken eingeladen. Die Selbsternte-Anlage liegt im benachbarten Bechtheim. Die Öffnungszeiten finden sich auf der Website.

Weinbar und Restaurant Vis à Vis
Friedrich-Ebert-Straße 53
67574 Osthofen
06242 5012973

76 Schmausen in der Kuhkapelle
Weinbar und Restaurant *Vis à Vis*

Feuer und Rauch waren einst die schlimmsten Bedrohungen in den eng gebauten rheinhessischen Dörfern und Städten. Die Gefahr lauerte vor allem in den Stallungen. Blitzeinschläge, sich selbst entzündendes Heu oder schlichte Unachtsamkeit konnten den Verlust von Hof und Vieh bedeuten. Größere Fachwerkbauten empfahlen sich demnach kaum, als man zu Beginn des 19. Jahrhunderts vermehrt auf die Viehwirtschaft und Stallhaltung setzte. Außerdem war Rheinhessen von jeher arm an Wald, und die Beschaffung von Bauholz gestaltete sich aufwendig und teuer. Was also tun?

Steingebäude, hieß die Lösung, idealerweise mit gemauerten Decken. Die Technik war aus der Architektur von Kirchen und Klöstern bekannt und bewährt: Kreuzgewölbe, getragen von Säulen. Wen wundert's, dass solche Prachtbauten im Volksmund »Kuhkapellen« genannt wurden? Um die 200 davon soll es in Rheinhessen noch geben. Nicht wenige ehemalige Viehställe haben sich zu gemütlichen Weinstuben und eleganten Restaurants gemausert.

Auch Burkhard und Christine Spieß nutzen die Kuhkapelle ihres Osthofener Winzerguts *Spieß Weinmacher* gastronomisch. Unter dem Gewölbe, dessen freigelegte Tonkacheln das Können der einstigen Handwerker sichtbar machen, sitzt man sich in gemütlicher Atmosphäre gegenüber und kommt bei einem Schoppen ins Plaudern. Vis-à-vis eben, wie der Name schon sagt – bei feinstem Essen und leckeren Tropfen! Auf der Karte finden sich Fleisch, Fisch und Vegetarisches – in kleiner, dafür gehobener Auswahl. Das junge Küchenteam setzt auf erstklassige Zutaten, möglichst aus der Region, bei wechselnden Gerichten. Die Weine stammen überwiegend, dennoch nicht ausschließlich vom Gut Spieß. Eher wenige rheinhessische Rebsorten, diese aber in bester Qualität angebaut, lautet die Devise des Vollblutwinzers Burkhard Spieß.

Formloser Genuss an der Weinbar! Es muss nicht unbedingt ein komplettes Menü sein. Auch auf einen Imbiss oder ein Glas heißt das *Vis à Vis* seine Gäste willkommen.

Osthofen

77 Toskana-Träume erster Sahne
Bistro-Café *Kabinett im Schlosshof* in Herrnsheim

Schnurgerade führt uns die Herrnsheimer Hauptstraße zu einem noblen Anwesen: dem Herrnsheimer Schloss, an dessen Stelle bereits um 1460 eine Wasserburg als Adelssitz derer von Dalberg errichtet worden war.

1711 ließ Wolfgang von Dalberg eine barocke Anlage errichten, wobei der aus dem Mittelalter stammende Turm ebenso in den Neubau integriert wurde wie die Reste der ursprünglichen Grundmauern. Im Zuge der Französischen Revolution wurde das Schloss durch Plünderungen stark beschädigt. Als sich neue Besitzer zu Beginn des 19. Jahrhunderts des vernachlässigten Gebäudes annahmen, entschloss man sich zu einer grundlegenden Umgestaltung nach den Regeln des damals bevorzugten Klassizismus. Zwei Jahrzehnte darauf wurde das Schloss auch im Innern dem vorherrschenden Zeitgeschmack angepasst. Sein heutiges Erscheinungsbild verdankt das Anwesen den Plänen des Mainzer Baumeisters Ignaz Opfermann, der um 1840 die Fassaden und die Innenräume umgestaltete. 1958 übernahm die Stadt Worms das Schloss, ließ die im Zweiten Weltkrieg entstandenen Schäden ausbessern und machte das Herrschaftshaus sowie die Gärten der Öffentlichkeit zugänglich.

Die ehemalige Remise allerdings führte weiterhin ein Schattendasein, bis sich eine private Initiative der historischen Gemäuer annahm und ihnen frischen Glanz verlieh. Dort residiert nun das Bistro und Café *Kabinett im Schlosshof*, dessen Sonnenterrasse vor dem sonnengelben Gebäudeflügel Urlaubsgefühle aufkommen lässt. Könnte das Café nicht ebenso gut in der Toskana liegen? Ein hübscher Gedanke, der sich bei einem Espresso weiterspinnen ließe. Wer beim Kuchenbüfett schwach wird (die Gefahr ist groß), kann sich anschließend die Beine im wunderschönen Park vertreten.

Der Schlosspark wurde zur Mitte des 19. Jahrhunderts vom berühmten Gartenarchitekten Friedrich Ludwig von Sckell als naturnaher Englischer Garten gestaltet.

Wonnegauer Ölmühle
Herrnsheimer
Hauptstraße 1
67550 Worms-
Herrnsheim
06241 5062177

**Tourist-Information
Worms**
Neumarkt 14
67547 Worms
06241 8537306

78 Edle Öle hinter adligen Mauern
Wonnegauer Ölmühle in Herrnsheim

Rheinhessen ist das Land der Weine, keine Frage. Dass in diesem Landstrich außerdem hervorragende Öle beheimatet sind, zeigt ein Besuch des Herrnsheimer Schlosses. 1998 begann dort Thomas Steger, rheinhessische Walnüsse zu hochwertigem Öl zu verarbeiten – auch um die Tradition der örtlichen Mühlen wieder aufleben zu lassen. In der Folge gründete der Diplombiologe 1999 die *Wonnegauer Ölmühle*.

Sein Öl aus frisch geknackten Walnüssen der Region ist nach wie vor sehr gefragt bei der Kundschaft. Mittlerweile gelangen zudem Leinsaat und diverse Kernsorten in die Förderschneckenpresse, um daraus in Kaltpressung nicht nur delikate, sondern dank der ungesättigten Fettsäuren zugleich ausgesprochen gesunde Öle zu gewinnen. Die kaltgepressten Erzeugnisse bleiben unbehandelt, sodass das ursprüngliche Aroma erhalten bleibt. Sie eignen sich als exquisite Zutaten für Salate aller Art. Wer damit kochen möchte, sollte dabei die Temperaturen niedrig halten und vermeiden, dass das Öl zu rauchen beginnt. Zu stark erhitzt, verliert es an Geschmack, und die wertvollen Inhaltsstoffe werden beeinträchtigt. Spezielle Rezepte hält die Website bereit.

Zu den Spezialitäten der *Wonnegauer Ölmühle* zählt unter anderem das tiefgrüne und fruchtige Traubenkernöl, gewonnen aus circa 20 Kilogramm Traubenkernen für einen Liter. Der Grundstoff für das Mandelöl stammt jedoch nicht aus Rheinhessen. In Spanien und Kalifornien wachsen die Samenkerne heran, die in Worms-Herrnsheim zu milden und bekömmlichen Produkten verarbeitet werden. Intensiv bis kräftig mundet dagegen das Masalaöl, das mit indischen Gewürzen angereichert wird: als flüssige Zutat für die feurigere Küche. Die *Wonnegauer Ölmühle* bietet reiche Auswahl für jeden Gaumen.

Das Herrnsheimer Schloss kann im Rahmen von Einzel- oder Gruppenführungen besichtigt werden. Termine und Buchungen vermittelt die Tourist-Information Worms.

Hause Kaltenthaler
Richard-Knies-Straße 67
67550 Worms-Herrnsheim
06241 51792

79 Balsamico a la italiano
Bio-Manufaktur *Hause Kaltenthaler* in Herrnsheim

Wie im sonnenverwöhnten Wonnegau kaum anders zu erwarten, liegt Herrnsheim, das seit 1942 zum Wormser Stadtgebiet gehört, inmitten von Weinbergen. Der Weg zu *Hause Kaltenthaler*, einem Weingut mit Essigmanufaktur, führt ein Stück weit aus den Wohngebieten hinaus in ein begrüntes Tal.

Der Natur wird beim hauseigenen Winzerbetrieb ein hoher Stellenwert eingeräumt. Schon das Winzerpaar Frank und Bettina Kaltenthaler hatte sich dem ökologischen Weinbau verschrieben. Ein Anspruch, dem auch der jüngste Sohn folgt. Als Brau- und Getränketechnologe setzt Jan Frank Kaltenthaler das nachhaltige Profil konsequent fort. Alle Arbeiten im Weinberg sind auf den schonenden Umgang mit Böden und Pflanzen ausgerichtet und fördern statt einer sterilen Monokultur den natürlichen Lebensraum der heimischen Flora und Fauna. Ein wichtiger Beitrag zur Artenvielfalt, der zugleich der Gesundheit der Reben und damit der Qualität der Trauben zugutekommt.

Der ökologische Anbau ist die eine, die Herstellung qualitätsvoller Weinessige die andere Herausforderung, der sich Frank Kaltenthaler seit 1988 mit Geduld, Faszination und Neugierde stellt – ein Prozess, der in der Vergangenheit neben speziellen Fachkenntnissen reichlich Ausdauer erforderte. Mittlerweile bietet der Familienbetrieb Essige, Senfsorten, Gelees und Sirupe an, die auf biologischen Grundlagen und vegan entwickelt werden.

Hinzu kommt ein Balsamico aus Most vom eigenen Lesegut, der ähnlich wie in Italien über Jahre im Fass heranreifen darf. Bei so viel Begeisterung für diese Art der Weitervergärung des Weins verwundert es nicht, dass mit Jan Frank Kaltenthaler die dritte Generation eingestiegen ist. Spannend bleibt, welche Produkte sich die Herrnsheimer Essigmacher in Zukunft einfallen lassen werden.

Weinessig? Obstessig? Balsamico? Was Essig zu Essig macht, wie sich die Sorten unterscheiden, und dass man die saure Flüssigkeit sogar trinken kann, verrät die *Essigerlebnistour* im *Weingut Kaltenthaler*.

Chocolaterie Holzderber
Gaustraße 117–119
67549 Worms-
Neuhausen
06241 958510

80 Schoko-Laden für Schokoladen-Fans
Chocolaterie Holzderber in Neuhausen

Seit 1950 lockt es passionierte Naschkatzen zu einer unwiderstehlichen Adresse: der *Chocolaterie Holzderber* in Worms-Neuhausen. Mit Miriam Holzderber, die den Betrieb gemeinsam mit ihrem Vater Paul Holzderber leitet, verführt bereits die zweite Generation zum süßen Genuss.

Das überlieferte und neu gestaltete Zuckerwerk wird größtenteils in Handarbeit hergestellt. Auf diesem Weg entsteht beispielsweise der klassische Weihnachtsmann in mehreren Schritten. Mit Fruchtsaft gefärbte Schokolade wird in eine Form aufgetragen, um die Konturen von Gesicht und Mantel darzustellen. Diesem Prozess folgt flüssige Schokolade, die gleichmäßig darüber verteilt und vor dem Herausnehmen abgekühlt wird. Weil den Schokomännern zu viel Wärme schaden könnte, beginnt die Weihnachtsproduktion erst im Oktober.

Und im Hitzesommer? Dank Soft-Nougat muss kein Schleckermaul ohne zarten Schmelz auskommen. Diese Süßigkeit hält selbst höheren Temperaturen stand – sofern sie nicht sowieso unverzüglich verputzt wird. Präsentiert wird das komplette Holzderber-Sortiment im *Schoko-Laden*.

Zu guter Letzt darf, wie in dieser Region kaum anders zu erwarten, auch der Wein seinen Trumpf ausspielen. Rheinhessische Tropfen und Schokolade zu überzeugenden Geschmackserlebnissen zu vereinen, ist der *Chocolaterie Holzderber* immer aufs Neue ein Ansporn. Für einen leichten Rotwein sind von Schokolade umhüllte Datteln als Zugabe wie gemacht, während in Zartbitterschokolade getauchte Apfelringe sich bestens mit einem fruchtigen Weißwein verstehen. Kennenlernen kann der neugierige Genießer diese und andere Kombinationen auf speziellen Weinproben, zu der Wormser Winzer gemeinsam mit der *Chocolaterie Holzderber* einladen. Eine hinreißende Idee, die uns Schokolade geschmacklich neu entdecken lässt.

Alle Produkte der *Chocolaterie* werden auch im Online-Shop angeboten.

Kolb's Biergarten
Am Rhein 1
67547 Worms
06241 23467

81 Im Strom der Zeit
Kolb's Biergarten

Eins der ältesten Gasthäuser Worms', nein, ganz Rheinhessens, liegt am Rheinufer zu Füßen des Nibelungenturms. Seit Generationen treffen bei *Kolb's* Jung und Alt aufeinander, schauen im Sommer beim Bier oder einem Schoppen den vorbeiziehenden Schiffen nach und lassen sich von der leichten Brise erfrischen, die vom Fluss herüberstreicht. Für kühle Tage bietet sich die zünftige Gaststube im Fachwerkbau aus dem Jahr 1720 an.

Seit mindestens 1811 wird das Haus als Gastwirtschaft genutzt und scheint die Jahrhunderte ohne weitreichende Veränderungen überdauert zu haben. Der Name wechselte allerdings von *Zum deutschen Hof* zu *Kolb's Biergarten*, nachdem das Wirtshaus 1918 in den Besitz von Johann Kolb gelangt war, einem Witwer mit sieben Kindern. Eine Tochter, Margarete Kolb, führte das Haus von 1960 bis in die 1990er-Jahre weiter. Da die Wirtin ohne Hilfskräfte auskommen musste, beschränkte sich das Angebot auf Getränke, die obendrein an der Theke abzuholen waren. Ein bescheidenes Flair, das die Beliebtheit des Biergartens in keinster Weise beeinträchtigte. Vor allem junge Leute zog es abends an den Rhein.

1993 übernahm der jetzige Wirt Stefan Herbold die romantisch gelegene Traditionswirtschaft, die er dank einer gutbürgerlichen Küche erfolgreich über die folgenden Jahrzehnte bis heute führt. Auf der Karte stehen Fisch- und Geflügelgerichte neben kalten Speisen und Rheinhessischem wie Spundekäs' und Hausmacherwurst sowie einer breiten Auswahl an Salaten. Dazu kommt ein vielseitiges Musikprogramm live spielender Bands.

Die neoromanische Kulisse im Hintergrund, der imposante Nibelungenturm, ist übrigens deutlich jünger als das Wormser Gasthaus. Im Jahr 1900 fertiggestellt, schmückt er als repräsentativer Brückenturm den Zugang zur Stadt.

Täglich serviert *Kolb's Biergarten* ein spezielles Mittagsgericht als Stammessen.

Braumanufaktur Sander
Weinsheimer Straße 67
67547 Worms-Weinsheim
06241 8545028

82 Hauptsache, Bier!
Braumanufaktur Sander in Weinsheim

Ein bisschen anders ist sie schon, die Schankwirtschaft *Schalander* in der *Braumanufaktur Sander*. Wer zur Einkehr etwas essen möchte, darf sich die eigene Brotzeit mitbringen. Eine größere Auswahl an Speisen bietet die Schankwirtschaft nicht an. Vor dem Besuch empfiehlt sich ein Blick auf die Öffnungszeiten, die von üblichen Biergartengepflogenheiten abweichen. Und die Umgebung zwischen Feldern und zweckmäßiger Gewerbearchitektur gibt sich unscheinbar und schmucklos. Dass sich der Besuch im Brauereishop oder im Ausschank dessen ungeachtet lohnt, versprechen bis zu elf Hopfenspezialitäten, die frisch gezapft ins Glas sprudeln. Höchster Genuss für Puristen!

Hergestellt werden die ökologischen Biere nach dem Deutschen Reinheitsgebot von 1516. Die Rohstoffe stammen aus biologischem Anbau. Sämtliche Verarbeitungsschritte finden in der Manufaktur statt, nichts wird aus der Hand gegeben. Sogar die Hefestämme werden vor Ort kultiviert und gezüchtet. Die Braumeister sind bestrebt, überliefertes Handwerk mit modernen Technologien zu kombinieren und innerhalb dieses Rahmens jede Möglichkeit auszuschöpfen, um die Braukunst weiter zu verfeinern. Das Ergebnis sind Spezialitäten wie das *Caribbean Pearl*, das im Rumfass aus Jamaika heranreift, oder das *Sweet Oak* aus dem Fass, in dem zuvor rheinhessischer Rotwein lagerte. Traditionelle Sorten wie Maibock und ein klassisches Pils oder Weizenbier komplettieren die Vielfalt der Genussmittel.

Bleibt abschließend zu erwähnen: Unter einem »Schalander« versteht man einen Raum, den die Bierbrauer für ihre Pausen und zum Umziehen nutzen. Und weil dort sicherlich auch das eine oder andere Feierabendbier genossen wird, passt der Name wunderbar zur Schankwirtschaft der *Braumanufaktur Sander*. Im Sommer geht es hinaus in den dazugehörigen Garten.

Eine Bierprobe gewährt einen Einblick in die Braukunst – inklusive einer Betriebsführung. Termine finden sich auf der Website.

Horchheimer Scheune
Turnhallenstraße 9
67551 Worms-Horchheim
06241 951044

83 Süße Fantasien aus erster Hand
Horchheimer Scheune mit Schokolaterie

Wenn eine Konditormeisterin Hand anlegt, sind süße Versuchungen garantiert. Ort des Geschehens? Das gemütliche *Scheunencafé* mit einer *Schokolaterie* im Wormser Stadtteil Horchheim.

Als Enkelin eines Bäckermeisters war Tanja Emler-Rupp bereits als Kind vom Entwerfen und Modellieren zuckriger Kreationen fasziniert. Diese Erfahrung formte und festigte ihren Berufswunsch früh. Nach ihrer Ausbildung zur Konditorin führten sie die Gesellenjahre nach Düsseldorf und München, bis sie die Meisterprüfung ablegte, um schließlich ihren süßen Fantasien im eigenen Betrieb Gestalt zu verleihen. 2003 eröffnete Tanja Emler-Rupp die Horchheimer Scheune, die ein wenig versteckt in einer schmalen Gasse im Horchheimer Ortskern liegt und mit ihrem Café zur Kaffeepause und zum Frühstücken einlädt. Ein reichhaltiges Büfett verwöhnt den Gaumen, im Sommer kann man sich im Innenhof niederlassen. Besonders begehrt sind die frisch gebackenen Waffeln.

Der zweite Weg führt in das Ladengeschäft, die *Schokolaterie*, mit handgefertigten Leckereien aus Schokolade, Mandeln, Haselnüssen, Marzipan und anderen ausgesuchten Zutaten. Neben den Variationen von Pralinen, Trüffeln und Schokoladenfiguren zieht der Nibelungendrache die Blicke auf sich. Dieses niedliche Kerlchen aus weißer und dunkler Schokolade ist nicht nur während der Nibelungenfestspiele ein beliebtes Mitbringsel.

Allerhand Deko- und Geschenkartikel bestücken zusätzlich die Regale. Wer gern einmal eigene Pralinenträume vernaschen möchte, lernt in der Horchheimer Scheune, wie man aus Schokolade zart schmelzende Trüffelpralinen formt oder Marzipanrohmasse in zierliche Figuren verwandelt. Und darf so mit der Unterstützung der fachkundigen Konditormeisterin eigenen süßen Fantasien nachgehen.

Die Termine für das Horchheimer Scheunen Frühstück befinden sich auf der Webseite. Um Voranmeldung wird gebeten.

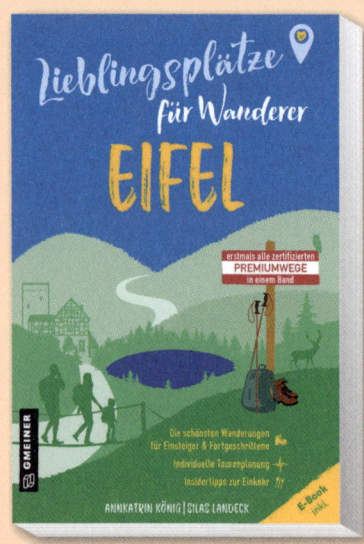

Annkatrin König / Silas Landeck
**Lieblingsplätze
für Wanderer – Eifel**
192 Seiten, 14 x 21 cm
Klappenbroschur
ISBN 978-3-8392-0617-1

Zwischen Belgien und Luxemburg, der Mosel und dem Rhein liegt eines der schönsten Wandergebiete Deutschlands. Die Eifel punktet mit einer vielfältigen Landschaft: tiefe Schluchten, märchenhafte Burgen und eine einzigartige Vulkan- und Seenlandschaft. Hier erzählen antike Schätze von einer aufregenden Geschichte, die man auf zahlreichen Wanderrouten erkunden kann. Doch welche Strecke verspricht naturnahes Wandern? Erstmals werden alle zertifizierten Qualitäts- und Premiumwege sowie der Wildnis-Trail im Nationalpark Eifel vorgestellt. Unabhängige Kriterien sowie Insidertipps zu Einkehrmöglichkeiten und Anfahrt ermöglichen eine individuelle Planung.

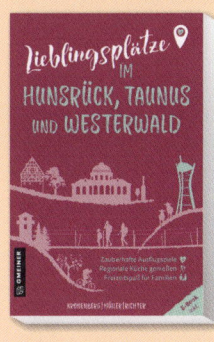

Kronenberg / Müller / Richter
Lieblingsplätze im Hunsrück, Taunus und Westerwald
192 Seiten, 14 x 21 cm
Klappenbroschur
ISBN 978-3-8392-2619-3

Von den Höhenzügen des Hunsrücks über die historische Bäderstadt Wiesbaden in den Taunus bis hoch in den Westerwald – tauchen Sie ein in malerische Landschaften, lebendige Geschichte und eine beschwingte Kulturszene. Unzählige Wanderwege führen durch Wälder und geschützte Natur sowie auf die Spuren der Römer, die am Limes lebten. Lauschen Sie dem Gesang des Windes im Nationalpark Hunsrück-Hochwald oder erkunden Sie Höhlensysteme, die Tropf- und Edelsteine als Schätze hüten – es gibt viele Lieblingsplätze zu entdecken!

Susanne Kronenberg
Lieblingsplätze Wiesbaden, Rhein-Taunus, Rheingau
192 Seiten, 14 x 21 cm
Klappenbroschur
ISBN 978-3-8392-0168-8

Wiesbaden liegt malerisch eingebettet zwischen Taunus und Rhein. Die Bäderstadt beeindruckt mit gut erhaltenen historischen Bauten, Denkmälern und einer lebhaften Kulturszene. Als »Tor zum Rheingau« ist sie zudem idealer Ausgangspunkt für Ausflüge in eines der bedeutendsten Weinanbaugebiete Deutschlands mit Burgen und einer bezaubernden Flusslandschaft. Kultur, Natur und Genuss – der Naturpark Rhein-Taunus lockt mit zauberhaften Plätzen, an denen es jede Menge Außergewöhnliches zu erleben gibt!

KRIMIS AUS DER REGION

Weinrache
978-3-89977-726-0

Kunstgriff
978-3-8392-1048-2

Edelsüß
978-3-8392-1323-0

Totengruft
978-3-8392-1527-2

Hundswut
978-3-8392-2134-1

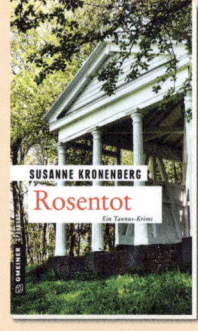

Rosentot
978-3-8392-2250-8

Tod am Bauhaus
978-3-8392-2399-4

Mord im Kloster Eberbach
978-3-8392-2843-2

Wiesbadener Visionen
978-3-8392-0426-9